ZEN ENCOURAGES YOU

闇は消え
あなたの生が輝き出す

浜松医科大学名誉教授
高田明和
Takada Akikazu

心が奮い立つ禅の名言

幸福な人とは幸福を感じている人◉妻を老けさせるような苦労をさせてはならない◉うまいものはそっと食え
字がうまいと損をする◉人は特技に足をとられる◉達人は無理をしない◉人の短所は、つぶさに弥縫を為すを要す
無視されているうちに力をつけよ◉君子は争わず 争えばかならず勝つ◉金持ちになるのも有名になるのも すべて因縁だ
病気をするような禅僧は贋者だ◉生命も金も名もいらぬ人間は始末に困る

双葉社

心が奮い立つ禅の名言 ○○○ 目次

第2章 いかに生きるべきか？

第3章 君子の人間関係とは？

第4章　競争社会をどう生きるか?

第5章　因果は変えられるか？

第6章　どう徳を積むか？

第7章　どうすれば健康でいられるか？

第8章　あなたも「気」を発することができるか?

まえがきに代えて

自信を持って豊かな人生を歩むために

私を襲った〝うつ〟

アンドリュー・ソロモンというアメリカの作家がいます。彼は自分のうつの体験を『真昼の悪魔――うつの解剖学』(原書房)という本に書いています。その中で、うつになって失った最も大切なものは友人であると記しています。

私も同じでした。昭和五十年に九年間のアメリカ留学生活を終えて日本に帰り、カルチャーショックを受け「いかに生くべきか」に悩み、次第にうつになっていった時期の苦しい経験は忘れられません。その頃に自分がとった異常な行動のために、私は多くの友人、知人を失いました。

うつになると非常に不安になります。また自責の念が強くなり、いつも自分を責めます。そのことを知り合いに知ってもらい、「そんなに気にすることはないよ」と言ってもらいたくなります。そこで誰彼かまわず電話して長く話し込み、相手の迷惑もかえりみず、くどくどと自分の苦しい気持ちを訴えたのです。

また友人と食事をするような時にはアルコールの勢いを借りて、なぜあんな変なことをしてしまったかということを説明し、自分がいかに大変かを知ってもらおうとします。翌日酔いがさめると、「なぜあんなことを言ってしまったか」と激しい後悔に襲われるのです。そのことで再び電話して弁解したりするので、なお相手は私を遠ざけるようになります。

生きながら死んでいた私

私のうつの理由の一つは自信喪失です。それも心の奥の奥の核とも言えるような部分にある「自分を信ずる」という気持ちが失われていたのです。空虚などという言葉では言い表せません。「心がなくなった」という感じが当時の気持ちを一番言い表しているでしょう。

このように心の奥の自信がなくなると、声、態度、姿などが死人のようになってきます。まるで生きながら心が死んでいる人のようです。私自身が自分の発する嫌な雰囲気を感ずることができました。これが周囲の人によい印象を与えるはずがありません。

このような苦境から立ち直れる日が来るとはまったく思えませんでした。周囲の人も気でも違ったかのように私を見ていましたから、私の将来はないと思ったに違いありません。自信を失った人を他人はばかにし、無視します。当時の周囲の人の私に対する態度はそうでした。

禅の誤解でますます落ち込んでいった

このような私がどうして立ち直れたか。じつはまったく言葉の力によるのです。これなしに今日の私はないでしょう。やがて少し立ち直るきっかけがつかめるようになると、坐禅《ざぜん》や読経《どきょう》などをして次第に元気になってきたのですが、最初のとっかかり、崖を転がり落ちた私が、なんとか指先で岩に触れ、これをつかみ、這《は》い上がることができたきっかけは「言葉」でした。

このことをもう少しくわしく説明しましょう。

私は学生時代に、郷里の清水《しみず》(静岡県)で布教をされていた曹洞宗《そうとうしゅう》の僧侶に禅の手ほどきを受けました。私が入った大学の医学部は名門といわれていますが、同級生たちの多くが、一族が有名な医師などという家系の出です。田舎者の私は劣等感のとりこになり、すっかり自信を失って禅に救いを求めようとしたのです。アメリカ留学を終えて帰国してからも、若い学生を教育し指導するためにはやはり人間的にも立派でなくてはならない、それには渡米前と同じようにもう一度禅に親しんだほうがいいと思い、その禅僧を訪ね再び教えを乞いました。

禅では、今までの見識のようなものを否定するところから修行を始めます。私もその僧から〝お前の考えなど妄想《もうそう》の極みだ。医学部の教授などといってもなんの価値もない。たとえば夏目漱石のように学識があり著名な人物でも、禅では何も悟れなかった〟というようなことを言われました。

禅では、実生活における成功とか地位などには意味がないとして、そのようなものへの執着を捨てさせようとするのです。しかし、それは参禅している時だけの問題だと多くの人は思います。たしかに将来禅の法統《ほうとう》を継ごうというような人には大切な心がまえでしょうが、これを実生活に直接当てはめたら大変です。悪平等、つまり社会での地位も功績もあるものかということになってしまいます。

しかし、若かった私は――といってもすでに四十歳でしたが――そうは考えず、文字通り自分は何も知らない、妄想に満ちていて間違いだらけの人間であると素直に受け取ったのです。その結果、妄想だらけの人間の言うこと、考えることが正しいはずがない、などと考えるようになり、自分の判断に自信を失いました。ましてや医学を学ぶ学生に、間違いだらけの意見を述べてどうするのだと思うようになりました。しかし、実際には学生を教えなくてはなりません。ではどのように教えるのか、私は悩みました。もし老師といわれる人の意見のみが正しいなら、私はことごとに老師に電話して意見を求めなくてはならないということになります。実際何度か電話して意見を聞いたこともあります。

自分がだめだというところから出発すると、すべてに自信を失います。このようなくだらない人間は大学にいるべきではない、やめるべきだなどと思ったこともしばしばでした。

教条的だった私の禅理解

さらに私を苦しめたのは因果《いんが》の法則です。

仏法ではこの世のすべては因《いん》(原因)と果《か》(結果)の法則で動く、よいことをした場合には善業《ぜんごう》が積まれるからよい運が拓ける、一方悪いことをすれば、悪業《あくごう》を積む結果、不幸が待っている——これは変えられないというのです。だとすれば、毎日のように失敗し、他人に嫌な思いをさせ、人間関係を悪くしている自分——悪業を積み続けている自分によい結果が待っているはずがないのです。しかし、うつで、自信もやる気も失っている自分には善業を積むことができません。もはや再起の方法はないと思われました。

帰国した年はこのような日々が続き、私は苦しみに耐えられなくなっていました。

ところが忘れもしません、その年のクリスマスです。当時浜松にあった西武デパートの八階の書店で積極思想の本を手にとったのです。

積極思想とは「よいことを思えばよいことが来る。悪いことを考えれば悪いことが来る」という思想です。しかし因果の法則では、何をしたかが重要で、何を考えたかなどは関係ない、よいことを思っても善業を積むことにはならず、運は変わらないということになっています。しかし、私は「おぼれる者、藁《わら》をもつかむ」の気持ちで積極思想を取り入れました。常に「すべてはよくなる」と念じ続けたのです。

当時、老師方《ろうしがた》に「よい言葉を唱えるとよい運が来ますか」とお訊きしたことがありますが、そうだと言った方は一人もおられませんでした。多くの老師方は「今やっていることに打ち込みなさい。真剣に打ち込んでいると仏性《ぶっしょう》が輝いて、次第に善業が積まれるようになる」と言うのです。しかし、何かに打ち込むことができれば、こんなには悩まない。打ち込めない、打ち込む自信を持てないから苦しかったのです。

結局、私は老師方のおっしゃるほうには私の道はない、積極思想以外に自分を救うものはないと信じて、言葉に頼り続けました。すると次第に気分もよくなり、なんとはなしに自信が湧いてきたのです。

結局、私は因果の法則を教条的に解釈していたのです。本書で書くとおり、千の悪業を積んでしまっても、心がけ次第では一の善業で帳消しにすることもできるのです。

今日私がこのような本を書くまでになったのは、因果の法則の教条的な解釈を捨て、自分の心を癒す方法ならなんでもよいとして、積極思想をとったからです。また、何をしたかだけでなく、何を思ったか、何を口にしたかも重要だということも、立ち直ってみて確信が持てました。

私が自分に言い聞かせていた三つの言葉

「すべてはよくなる」という言葉以外に私を元気にさせた言葉は「困ったことは起こらない」というものでした。この世は困ったことの連続です。困ったことが起こらないはずがありません。またすべてがよくなるなどということもありません。ところが、これらの言葉には特殊な力があり、何か心配ごと、嫌なことが心に浮かんだその瞬間に、自分に「困ったことは起こらない」、「すべてはよくなる」と言い聞かせると、非常に落ち着き、気持ちが晴れるのです。

「過去は思わず」という言葉も効果がありました。うつの場合には自分の失敗を悔いて、自分を責めます。「なぜあんなことをしたのだろう」「あんなことをしてしまった自分はなんとだらしがないのだろう」と悔やみ、自分など生きる意味がないのではないかなどと考えてしまいます。このような時に「過去は思わず」と自分に繰り返し言い聞かせるのです。この言葉にも言霊《ことだま》のような力があり、過去をくよくよ考えるのがバカらしくなります。

自分に言い聞かせていた言葉ではありませんが、うつに苦しんでいた頃の私を支えてくれた言葉の一つに、学生時代にラジオで聴いた中川宋淵《なかがわそうえん》老師のお言葉があります。

老師は一高、東大を出られた方で、小学校も出なかったにもかかわらず昭和の名僧になられた山本玄峰《やまもとげんぽう》老師の弟子になり法を継がれた方です。

昭和三十年代の初め、大学の春休みで清水の実家に帰っていた時のことです。聴くともなく朝のＮＨＫラジオを聴いていました。中川宋淵老師へのインタビューでした。

アナウンサーは若く元気のある人で、「仏教とは何か」、「禅とは何か」などと立て続けに質問をしていました。宋淵老師は少し辟易《へきえき》とされているようでした。

番組も最後に近づいて、アナウンサーが「ところで私のような者でも悟れるでしょうか」と聞いた時のことです。老師は「あなた、〝私のような者〟などと言ってはいけませんよ。あなたもお釈迦さまと同じ清らかな心の持ち主ですから」と言われたのです。

私は驚きました。こんなことは言えるものではない。せいぜい、「これから坐禅にいらっしゃい。努力すれば誰でも悟れます」くらいが妥当な答えだろうと思いました。

仏教では「この身すなわち仏なり」といって、私たちは本来仏の智慧《ちえ》と徳をそなえているとします。しかし、煩悩《ぼんのう》と妄想《もうそう》あるが故にそれを自覚できないのであって、だから煩悩や妄想にとらわれないように努力せよといいます（これは大切なことなので、後でわかりやすく書きます）。つまり「この身がそのまま仏だから、べつに修行する必要はない」という考えを強く排するのです。これは、宋淵老師のような方は百も承知のことなのです。それでもこの悩める若者《アナウンサー》に慈悲の心から手を差し伸べられ、「あなた、自信を持ちなさい。あなたも仏なのです。少しも劣ったところはないのですよ」と励まされたのだと思っています。

「〝自分のような者〟などという人はいない」という言葉は、以来、私の心に深く刻まれ、自信を失いそうになるたびに大いに励まされました。

「うつが治った!」と思った瞬間

このようにして次第に元気が出てきました。すると驚くことに運勢もよくなってきたのです。やがて、出版社から本を書くようにという依頼が来るようになりました。

その頃に書いた『「病は気から」の科学』という本がよく売れて、テレビ東京でその内容を放送しようということになりました。番組は女性アナウンサーとの対談という形で収録しました。

収録が終わり、化粧室でアナウンサーの女性と二人で顔のお化粧を落としていた時のことです。私はなにげなく、「今日の放送はどうでしたか」と彼女に訊いたのです。すると彼女は「先生のほうから暖かい風が吹いてくるようでした」と言ったではありませんか。私はこの時、直感的に「治った!」と思ったのです。

言葉の力

よい言葉には、気分を変え、考え方を変えるだけでなく、よい運を導く力があるのです。このような言葉を集めて私は本を書きました。それが前著『魂をゆさぶる禅の名言』です。

おかげさまで、この本はたいへん多くの方に読まれました。

今の日本は異常なほどの競争社会でありストレス社会です。多くの方がかつての私のように不安にとらわれ息が詰まっているのでしょう。なんらかの突破口を求めているから『魂をゆさぶる禅の名言』が売れたのだと思います。こうした言葉をもっと読みたいと言ってくださる方があり、また、私にももっとご紹介したい言葉や内容があったので、本書を書き下ろしました（前著の五十四の名言は本書の巻末に記しました）。

前著をお読みでない方にもわかりやすく書きましたし、前著よりも深く豊かな内容にしたつもりです。読者の皆さんが、二冊の拙著で煩悩の雲を吹き払い、ご自分の限界を突破し、自信を持って人生を歩めるような言葉にめぐり合えることを心から望んでいます。

なお、第一章は名言ではなく、あなたの心を動かすに違いない深い内容を持つ公案をご紹介し、それに対する私の考えを付しました。禅の本質の理解の助けになるでしょう。

第1章

〈公案に学ぶ〉禅の本質とは何か?

●この世に天国のようなところはない

洞山無寒暑《とうざんむかんしょ》

『碧巌録』（中国・宋時代の有名な公案集）第四十三則

公案◉ある僧が洞山禅師に問うた。
「こう暑くてはたまりません。暑さ、寒さをどうしたら避けられるでしょうか」
洞山「なぜ暑くも寒くもないところへ行かないのだ」
僧「どうしたらそんなところへ行けますか」
洞山「暑い時には暑さになりきり、寒い時には寒さになりきりなさい」

これは中国曹洞宗の開祖、洞山良价《とうざんりょうかい》禅師《ぜんじ》の公案《こうあん》*です。

公案とは、高僧が弟子との間でかわした問答の記録で、禅、とくに臨済禅では、公案について考えることで悟りを深めようとします。『碧巌録《へきがんろく》』は宋の時代に編まれた中国の代表的な公案集です。

この有名な公案は、暑さ寒さという話にかけて、じつは生死の問題を扱っています。「人はどうしたら生死を逃れることができるだろうか」という問いです。洞山の答えは「生死のないところに行けばよいではないか」というのです。弟子が「ど

公案：日本の禅宗系の宗派は臨済宗（りんざいしゅう）と曹洞宗（そうとうしゅう）が中心で、他に黄檗宗（おうばくしゅう）がある。臨済宗や黄檗宗ではとくに公案を重んじる。

うしたらそこへ行けますか」と訊いたところ、「生きている時には一生懸命に生きる、死ぬ時には死になりきる、これでよいのだ」という答えです。日本の良寛《りょうかん》和尚《おしょう》も「病気の時には病気になりきるのがよく候《そうろう》」と書いています。

たしかにこれは真理でしょうが、このような心境になれる人はほとんどいないでしょう。この公案をすべての人に当てはまるように解釈したらどうなるのでしょうか。

アメリカに「There is no heaven under the heaven.という格言があります。heavenは天とも訳されますし、天国とも訳されます。そこで「天の下には天国はない」ということになります。

私たちは常に現状に不満を持っています。そして人をうらやみます。この世には理想の家庭が、自分の家庭とは違って問題などない家庭があるのではないかと思いがちです。また自分の過去が惨めだった場合には、他の人は非常に幸福な青春時代を送ったのではないかと思い、自分はなんと恵まれなかったのだろうなどと嘆く人もいます。一流大学を出なかった人は「自分もあのような大学を出て、国家公務員の上級試験に通って、官庁のキャリアにでもなれたらどんなによい人生を送れただろうか」などと考え、自分の不幸を嘆いたりします。

私もいろいろな人の人生を見てきましたが、よいことばっかりの人生などありません。うわべは幸せのように見えて、一皮剝《む》けばさまざまな問題を抱えている人や家庭が大部分です。

十数年前、相撲の若乃花《わかのはな》、貴乃花《たかのはな》兄弟の家族はなんと幸せなのだろう、あれこそ理想の家庭だと思った人は多いでしょう。しかし実際には彼らは普通の家の人たちよりも不幸かもしれません。西武グループの堤《つつみ》兄弟の争いも有名です。つまり他人の家庭は、外から見るのと実際とは異なるのが現実です。

外国への憧れでも同じです。日本の社会の重苦しさに嫌気がさして外国へ行ってみたものの、そこにも意外に問題が多く、結局日本に帰ってきたなどという人も多くいます。

このような人に対してこの公案は、「この世には天国もないし、理想の家庭もない。どこにも誰にも問題がある。そう考えて生きてゆくのが寒暑のないところに生きるということだ」と教えているのです。

小津安二郎《おづやすじろう》監督の映画には、昔の旧制高校生たちが、長じてもお互いに礼を失せずつきあっているという設定がよく出てきます。現在のように人間関係がぎすぎすしている社会に生きる私たちは、なんとすばらしい時代だったのだろう、そのような時期に青春を送った人たちはなんと幸せだったのだろうとうらやましく思います。

小津映画『彼岸花《ひがんばな》』の中に、友だちが会って食事をする時に、笠智衆《りゅうちしゅう》演ずる男性が楠木正成《くすのきまさしげ》の桜井の別れの詩を吟じ、その後、全員で「青葉茂れる」と歌う場面があります。現在の同窓会などではけっして見られない光景ですから、その友情とロマンチックな詩情あふれる光景に胸を打たれた人は多いでしょう。

このことについて質問された小津監督は「あんなことは実際にないからこそ、あのような映画を作ったのだ」と答えているのです。つまり、そのような理想の人間関係はないのです。ないと思って人生を送れば、そのようなことを経験しなかったとして自分の不幸を嘆いたり、人の幸運をうらやんだりする必要はなくなるのです。

釈尊《しゃくそん》（お釈迦さま）は「人生とは苦しみである」と断じました。その弟子たちは「人生は八つの苦しみに満ちている」としました。暑さも寒さもない、病気も死ぬこともないような世界などどこにも存在しないということを心から理解することが、この世界の苦しみから逃れることができる唯一の方法だというのがこの公案が示すところです。

●人間は、死ぬが死なない。

道吾《どうご》　生か死か

『碧巌録』（中国・宋時代の有名な公案集）第五十五則

公案◉あるとき道吾禅師は弟子の漸源《ぜんげん》と一緒に葬式に行った。漸源が棺桶《かんおけ》を軽く叩いて中の遺体を示し、「生か死か」と師に質問した。師は「生とも言わじ、死とも言わじ」と答えた。

中国の唐の時代の高僧、道吾禅師とその法嗣《はっす》（法統を継ぐ弟子）漸源のやりとりですが、この公案は生死の問題を問うた劇的な場面を示しています。

釈尊は「人間の心は、本来は仏の心と同じく清らかなものである。ところが、煩《ぼん》悩《のう》や妄想《もうそう》が雲のように心におおいかぶさっているから、自分の心のすばらしさに気がつかないのだ」と言われました。本来の清らかな心をおおっている煩悩や妄想の雲が薄くなれば、その心の輝きは増し、日常生活で間違いのない生活ができるようになるというのです。さらに「人間の心は仏心《ぶっしん》に満ちた宇宙とつながっており、その心は、肉体が滅びても永遠に続く」ともおっしゃいました。

しかし、「心は永遠に続く」と言われても実際には人は死んでゆきます。では、

今この棺桶の中にいる人は死んでいるのでしょうか、死んではいないのでしょうか
——これが漸源の発した問いです。

「生とも言わじ、死とも言わじ」という道吾の答えに漸源は「師よ、なぜはっきり答えてくれないのですか」と迫ります。すると道吾は「やはり言わじ、言わじだ」と答えます。

帰り道で漸源は再びこの問いを持ち出し「もし答えてくれなければ殴りますよ」と師に言いました。すると道吾が「殴りたければ殴れ、それでも答えは『言わじ、言わじ』だ」と言ったので、漸源はついに師を殴ってしまったのです。

その後、道吾が亡くなったので、漸源は兄弟子の石霜《せきそう》禅師にこの問いをぶつけました。石霜は、横にならずにひたすら坐禅し、その姿はまるで木の切り株のようであったと伝えられる高僧です。その石霜も「言わじ、言わじ」と答えたのです。

「なぜ言わないのか」と迫っても石霜は「言わじ、言わじ」と繰り返すだけです。

その刹那《せつな》、漸源はすべてを悟ったといわれます。そして生前、道吾が意地悪で答えてくれなかったのではないことを知り、亡くなった師にお詫びの礼をなしたのです。

ここで私たちの心と仏心との関係をお話ししましょう。

釈尊が亡くなる時に、息子の羅睺羅《らごら》（ラーフラ）は悲しみにくれ、竹やぶの中で一人で泣いていました。羅睺羅がいないことに気づいた釈尊は羅睺羅を呼びにいかせました。羅睺羅が来ると釈尊は「今まではそなたと離れて暮らさなくてはならないことも多かった。しかし、肉体を失い涅槃《ねはん》に入れば、心は常にそなたと同じところにあって、もう永遠に離れることはないのだ。けっして悲しむにはあたらない」と言われました。

私たちは本来、仏と同じ心を持っているということは初めに述べました。この心はいろいろな名前で呼ばれるのですが、ここでは仏心と言いましょう。この関係をたとえれば、私たちは仏心の大海の中で浮かぶ泡のようなものです。ですから、私たちの心が煩悩や妄想で汚れていなければ、私たちは限りない大海である仏心を自分の心と同じものとして自由に使えるのです。そして、仏心の大海があるから泡（私たち）は存在できるのですが、仏心の大海以外に泡の存在する場所はないのです。また泡は消えれば、再び仏心の大海の中に溶け込むのです。つまり私たちの心も仏心の海へ帰るのです。だから人は死んでも心は永遠だというのです（先ほどは海を宇宙と書きましたが同じことのたとえです）。

臨済宗円覚寺《えんがくじ》派の管長であった朝比奈宗源《あさひなそうげん》老師も「私たちは仏心の中に生まれ、

仏心の世界に住む。死は仏心の世界に帰ることだ」と言っておられます。私たちは一瞬といえども仏心の世界から離れることはないのだとも言っておられます。

私はかつて『臨死体験の不思議』(講談社ブルーバックス)という本を出しました。その時に臨済宗天龍寺派の管長をされた関牧翁《せきぼくおう》老師の法嗣で、現管長である平《ひら》田精耕《たせいこう》老師と対談をしました。その時は牧翁老師はすでに亡くなられていたのですが、私はなにげなく「今、牧翁老師はどこにおられますか」と訊いたのです。すると精耕老師は組んでいた腕を開くと、私を指差し、「今あなたの中におられます。私の中にも、いや宇宙に満ち満ちているのです。それが牧翁老師の本来の面目《めんもく》(=本質)なのです」と言われました。

これでおわかりでしょう。死とは、肉体はもちろん、煩悩や妄想もなくなり、この心だけの存在になることですが、永遠の世界に戻るという点では死は死とも言えないのです。

このように考えると、死を死と断定することが困難であることがわかります。この公案は「死は死でありながら、同時に死ではない」という難しい真実を衝《つ》いているのです。

禅の本質を体得し、師から法統を継いだとされる老師方でも、生死の問題を完全に解決している人は多くありません。「すぐれた禅僧は生死を超越している」という固定した観念を打ち砕くために、一休禅師*や仙厓《せんがい》和尚*のような名僧たちも、死ぬ間際に「死にたくない」と言いました。

生死の問題は解決できないのが当たり前なのだと思い、毎日の生活で少しでも心を磨くようにすることが最も大事な生き方でしょう。

一休禅師：一休宗純（そうじゅん）。室町時代の禅僧。一休さんのモデルにもなった奇僧。

仙厓和尚：仙厓義梵（ぎぼん）。江戸時代後期の禅僧。書画をよくした。「気に入らぬ　風もあろうに　柳かな」という句でも有名。

洞《とう》山《ざん》麻《ま》三《さん》斤《ぎん》

●邪念なく、ふっと思ったことが本当の心の表れだ。

『無門関《むもんかん》』（中国・宋時代の禅僧・無門慧開《えかい》によって編集された有名な公案集）第十八則
『碧巌録』（中国・宋時代の有名な公案集）第十二則

公案◉洞山守初禅師のところにある僧が来て、「仏法とはどんなものですか」と尋ねた。洞山は「三斤《さんぎん》の麻《あさ》だ」と答えた。

学会で、二十年ぶりに中国の蘇州《そしゅう》に行きました。昔行った時には、有名な寒山寺《かんざんじ》＊を出るとすぐのところに運河があって、その周りに小さな家が乱立しているという印象を持ったことを記憶しています。今は上海をしのぐような大都会になっていました。しかし、他の国の都市と同じようなビルが立ち並んでいるのを見ると、昔の風景が懐かしく思われます。ただ、お菓子を買おうとして知ったのですが、今もなお、掲げた公案と同じ「斤《きん》」という単位が使われていました。

さて雲門宗《うんもんしゅう》の開祖、雲門の弟子である洞山守初《とうざんしゅしょ》禅師の話です（28ページの洞山禅師とは別人です）。この方が雲門に最初に会った時のいきさつがおもしろいのです。

寒山寺：張継の詩「楓橋夜泊」に「夜半の鐘声客船に到る」と謳われた。唐代の僧と伝わる寒山が住したという。寒山は森鷗外の小説「寒山拾得」の主人公の一方。

雲門は「お前はどこから来た？」と訊きました。

「湖南の報慈寺からです」

「いつ向こうを発ったのか」

「八月二十五日に発ちました」

「お前のような奴は六十回も棒で殴りつけるべきだが、今は止めておく」

そう雲門はおっしゃいました。洞山は一晩考えたのですが、雲門が言った意味がわかりません。翌日「師よ、あなたは昨日、六十回も殴るべきところだと言われましたが、私のどこが悪いのでしょうか」と問うたのです。

するとと雲門は「ばか者、禅の盛んな江西、湖南をぶらぶら通って来たのか」とお叱りになったのです。洞山はそれまで十分に修行をしていたので、その言葉で悟ったといわれます。

じつは雲門は「一日一日をぶらぶら送るな」とおっしゃったのです。禅の盛んなところを通ったか通らないかは問題ではないのです。道を歩いている時も一生懸命に修行に精進《しょうじん》していれば、途中で得るところがあったはずだと雲門は叱咤したのです。

さて、のちにこの洞山のところに、ある僧が来て、「仏法とはどんなものですか」

＊乾屎橛を、便をかきとるヘラではなく、棒状に
乾いた便そのものとする説もある。

と尋ねました。掲げた公案がそれで、洞山は「三斤《さんぎん》の麻《あさ》だ」と答えたのです。

別の公案で、雲門に、ある僧がやはり「仏法とは何ですか」と訊いたところ、雲門は「乾屎橛《かんしけつ》」と答えました。これは、トイレットペーパー代わりの木ベラに乾いた便がこびりついたもの＊という意味で、最も不浄なものでしょう。これを「不浄とか清浄という観念にとらわれてはいけない。仏法は宇宙のすべてを表すのだから、便のついたヘラも仏の姿だ」などと解釈するのは屁理屈にすぎません。

私は洞山の場合には、そこにたまたま三斤分（二キログラム弱）の麻があり、これが仏だと言ったのだと思います。雲門も同じでしょう。

私たちの心は、本来、仏のそれと同じように清らかなものだ、と釈尊がおっしゃったことはすでに申し上げました。この心を煩悩や妄想がおおうと、本来の心の働きがゆがめられてしまいます。禅で無心を尊ぶのは、無心の際に働く心こそ仏の心だからです。ふっと思ったことが正しいのです。これになんだかだと理屈をつけると間違うのです。洞山も雲門も、たまたまそこにあったものを指して、それで仏法の本質を伝えようとしたのです。「きれいなもの、汚いものなどはない」というような理屈を述べたのではないのです。

私たちは考えすぎているといわれます。江戸時代の禅僧、至道無難《しどうぶなん》禅師は「もの

思わざるは仏の稽古《けいこ》なり」とおっしゃいましたが、これは、考えないでいると次第に煩悩や妄想の雲が薄くなり、本来の心の光が現れるというお示しです。

考えないでいるとばかになってしまうのではないか、脳のトレーニングをしないと脳機能が低下するのではないかと心配される向きもあると思われます。これらの公案はそんな心配はないといっているのです。それどころか、何も考えないでいた時にふっと思いつくこと、ふっとやろうと思ったことこそ仏の心だから正しいのだ、これに少しでも邪念が入るから間違うのだというのです。

「ふっと思ったことにしたがっても間違うのではないか」と言われるかもしれません。それは、ふっと思った時に、憎い、欲しい、うらやましいなどという思いが一緒に出てくるからいけないのです。何かを求める心があるから、ふっと出てくる思いが仏の心ではなくなるのです。

ものを思わないというのは、計算したり、何かを覚えようとしたりしてはいけないということではありません。事実をゆがめるような考え方をしないということです。たとえば、道を歩く時に何も考えていなければ何かが飛んできてもよけられるが、考えごとをしているとよけきれない、というのと同じことなのです。

●同じことをしても、正しい場合と正しくない場合とがある。

二《に》僧《そう》捲《けん》簾《れん》

『無門関』（中国・宋の禅僧・無門慧開によって編集された有名な公案集）第二十六則

公案◉暑い夏だった。法眼《ほうげん》禅師（法眼宗の開祖）が簾《すだれ》を指した。部屋にいた二人の修行僧は「暑いから簾を上げろということだろう」と思い、それぞれ簾を捲《ま》いた。するとは法眼禅師は「一人はよいが、もう一人はだめだ」と言った。

禅では修行僧は老師の前で、与えられた公案に対して答えを述べたり、何かをしたりします（参禅といいます）。この公案のように二人の僧が同じようなことをして、一人はよく、一人は悪いと言われたという場合は多くあります。なぜ評価が分かれるのか？　そのときの修行僧の態度で悟りの程度がわかるのだといわれますが、それでは私たちの参考にはなりません。どちらの僧がどのような態度で簾を上げたか、その場にいない私たちにはわからないからです。

私は、この公案は、「同じことをしても、正しい場合もあり正しくない場合もある」ということを示したものだと理解しています。私たちはある意見に固執することがよくあります。「これが絶対に正しい、これ以外にない」などと強く主張する人もいます。同じような態度の、違う意見の人がいると、対立し争いになります。ときには中東情勢に見られるように多数の人命が犠牲になるような戦いになります。

双方の意見をよく聞くと、どちらにも一理あるというのが普通です。ところが争っている当事者は、相手の意見のよいところを認めると、それは妥協であり、敗北ではないかということになり、結局自説に固執せざるをえないのです。

こだわりが自分の内面のことになるとやはり問題です。自分の意見や、自分の作った人生観に固執し、これを変えることができないと、何かがうまく行かない時に自分の心を傷つけかねません。たとえば希望する仕事に就くことができないというだけで引きこもったり、うつになったりする若者は多くいます。本当は「この仕事でなくてはだめだ」などという仕事はないのです。

フランスの哲学者モンテーニュは「法律ほどたえず動揺を受けるものはない。昨日はもてはやされていたのに明日はそうではなくなる善とはいったい何なのか。河一つ越しただけで罪悪となるような善とは何なのか」と書いています。

そうです、法律のように確固たるように思えるものでもこうなのですから、ある考え方、ある行動に対する評価は絶え間なく変わります。「これでなくてはならない」などというものはないのです。ある時代、ある所で真実であったことが、別の場合には真実でないことは常に見聞きするところです。「これでなくてはだめだ」という考えなどないのと同じように、常に正しいという意見もないのです。同じ意見なのに正しい場合もあり、間違っている場合もあるのです。「二僧捲簾」という公案はこのことを教えていると私は考えています。

禅では一つの考え、一つのやり方にとらわれてはいけないと常に戒めます。とらわれると自由がきかなくなり、結局自分を苦しめるような結果になるからです。そこで、「仏の意見さえも正しいとは言えない」といわれ、「ある意見にとらわれているなら仏も禅宗の指導者も殺してもよい」とさえいったりします。もちろん実際に殺すなどということはないでしょうが、それほどとらわれることを戒めるのです。

私たちは「正しい」と思うことにはとらわれがちです。仏教徒は仏の言葉というとありがたがって、それにとりつかれて失敗したりします。この公案は「何ごとにもとらわれてはいけない」ということを示しているとも言えるのです。

首山竹篦《しゅざんしっぺい》

●真実は言葉では言えない

『無門関』（中国・宋の禅僧・無門慧開によって編集された有名な公案集）第四十三則

公案◉ある時の説法で、首山禅師は持っていた竹篦《しっぺい》を皆に見せて問うた。「これを竹篦と呼んではいけない。竹篦でないと言ってもいけない。どうするか」

首山《しゅざん》という方は臨済禅師から数えて五番目の祖師です。法を風穴《ふうけつ》《ふけつ》禅師から継ぎました。その時の話がおもしろいので紹介します。

首山はいつも法華経《ほけきょう》を読むばかりで坐禅をしなかったので、皆が念法華《ねんほっけ》とあだ名していました。ある時に風穴の侍者《じしゃ》をしていると、風穴は「どうも臨済禅師の教えは自分で終わりになりそうだ」と言ったのです。首山は「一山にこれほど僧がいるのですから、一人くらい本当の人物がいるのではないですか」と言ったのです。すると風穴は「聡明な人は多いが悟った人は少ない」と答えました。そこで首山が「自分などどうでしょうか」と訊いたのです。すると「自分はとうに、お前がその気になってくれればよいと思っていたが、お前は法華経ばかり読んでいる」と言うので、「それなら師の言うことに従いますので、ぜひお示しいただきたい」と頼んだのです。

翌日、風穴は説法の時に「釈尊は青蓮《しょうれん》（ハスの花の一種）のような美しい目で、修行僧をごらんになった」と言い、「釈尊はこれで何をお説きになったのだろうか」と問いました。ところが、これを聞いていた首山は堂から出ていき部屋へ帰ってしまったのです。すると風穴も、拄丈《しゅじょう》（杖《つえ》。説法の際にも使う）を放り出して、方《ほう》丈《じょう》（居間）に帰ってしまいました。侍者が「念法華はなぜ答えなかったでしょうか」と尋ねると、風穴は「念法華はわかったのだ」と言われました。

さて、この「首山竹篦」という公案をどのように解釈すべきでしょうか。竹篦《しっぺい》*は修行者を打って戒める細長い竹の板です。

じつはこの公案は、首山が風穴により悟った「釈尊は青蓮のような美しい目で、修行僧をごらんになった」という言葉とも関係します。つまり「本当の真実は言葉では言えない」ということなのです。言葉は記号であり、真実そのものではありません。道を示す矢印のようなもので、その先に目的地があるのです。

犬や猫にえさのある方向を指で指すと、犬や猫は指そのものを見ます。そうではない、えさは指の先が示すところにあると教えてもだめです。私はこの公案を思う

「しっぺ返し」の「しっぺ」は「竹篦」で、「叩かれたらすぐに叩き返す」の意。

時に、いつもこの犬や猫の態度を思い出すのです。

禅の公案には、悟りの本質や仏法の精髄は言葉では表せないということを示すものが多くあります。釈尊は説法の時に弟子たちの前で、手に持っている花をかすかに動かしました。すると迦葉《かしょう》だけがほほえんだのです。これは「拈華微笑《ねんげみしょう》」という公案として有名です。釈尊は何も言わずにただ手に持った花を少し動かされた、それを見て迦葉が悟ったのです。こうして迦葉は釈尊から禅を伝えられました。

言葉に頼らないことは仏教を理解する上で非常に大事です。仏教は学問ではありません。心の本質、生命の本質について示す宗教なのです。ですから仏教のことを学んで知識を増やしてみても仏教を理解できるものではないのです。頭で解釈する仏教を学解《がくげ》といいます。仏教を理解するには行《ぎょう》、つまり修行がどうしても必要です。

禅の祖師方はいずれも秀才です。しかし、これらの方の多くは生死を分かつような大病をして、今までの知識が何の役にも立たなかったというような経験をしたり、師に仏教の本質を質問されて答えられなかったという経験をして初めて、理解すべきものとしてではなく、体得すべきものとして禅に向かわれたのです。

ここで禅の公案についての私の考えをご説明しましょう。

公案は、世俗へのこだわりを捨てて悟りを得ようとするのだから、その問答は一般的な論理にはよらない。修行をしていない部外者には意味不明なやりとりに思われることから「禅問答」という語も生まれた。公案の中には、師と弟子が殴りあうというようなものもある。

公案は「公府の案牘《あんとく》」といわれ、公的な権威を持った文章とされます。つまり、どの人にも当てはまる真理を述べたものということです。しかし、有名な公案では、たとえば先の「拈華微笑」とか四十一ページの「二僧捲簾」の公案のように、普通の理屈では理解できないような悟り方が示されています。*これを「その場にいたら理解できる」としたのでは、その場にいない私たちには意味を持ちません。たしかに、僧堂の中、あるいは師弟がお互いの見解を示しあう室内といわれる場では、実際の動き、言葉の出し方などを見て、師が、ある場合は修行僧を疑い、ある場合には否定することもあるでしょう。しかし、それだけなら、一般の人には公案を知る意味がないことになりますし、そもそも一般書として禅僧が公案の本を著すということも無意味になります。

もし公案がすべての人にとって真理を告げているなら、一般人である私たちにとっても役に立つものであるはずです。そのためには、公案を自己の見識で解釈することが大事です。私はそのように考えて、実行しています。

●人は小さなことで人生を棒に振る

趙州洗鉢《じょうしゅうせんぱち》《せんぱつ》

『無門関』（中国・宋の禅僧・無門慧開によって編集された有名な公案集）第七則

公案◉趙州和尚《じょうしゅうおしょう》の下《もと》にある僧が来て言った。

「私は最近道場に入ったばかりです。仏教のこともあまり知りませんし、日常の規則も知りません。どうか、よろしくご指導を願います」

すると趙州は「お前は朝のかゆを食べたか」と訊いた。

僧が「はい、いただきました」と答えると、趙州は「そうか、それならかゆを食べた鉢をよく洗っておきなさい」と言った。

趙州は唐代の禅僧で、多くの問答や説法が公案として伝えられています。いくつかご紹介しましょう。

最も有名なのは「狗子仏性《くしぶっしょう》」（「趙州狗子《じょうしゅうくし》」とも言います）という公案で、ある僧に「釈尊はすべての生き物に仏心《ぶっしん》があると言われましたが、こんな犬（＝狗）にさえ仏心があるのでしょうか？」と問われた趙州が「無」とだけ答えたというものです。

またある時、かなり修行のできた僧が来て、「かねてから趙州というお名前を耳にし、訪ねてきました。しかし石の大きな橋だと思っていたら、ただの丸木橋ではないですか」と失礼なことを言ったのです。趙州は「お前は丸木橋を見て、石橋を見ていないのだ」と言い返しました。「ではどこが石橋ですか」と僧が尋ねると、趙州は「驢馬《ろば》を渡し、馬を渡す」と答えたのです。「お前さんのようなわからず屋でも普通の旅行者でも、何でも通すよ」という意味です。

さて、掲げた公案です。これはマナーを教えているのではありません。仏道を尋ねたのに、ただ「お鉢をよく洗え」と答えた趙州の言葉を聞いてこの僧は「はっと悟るところがあった」と書かれています。

世の中には、じつに小さなことで人生を棒に振ってしまう人がいます。たとえば公務員の汚職です。五十万円もらって業者に便宜を図り逮捕されたなどという報道がありました。この公務員の年収は千三百万円くらいでしょう。これから十年勤めれば、一億五千万円くらいになり、退職金、年金を入れれば、合計で二、三億円になったかもしれません。これをたった五十万円で棒に振るのです。

教職者が電車で女性に痴漢をして逮捕されたというような報道もよくあります。校長先生だったということもありました。もちろん免職によってすべての地位と収人と信頼を失います。それだけではありません。家族や一族に与えた不名誉は大変なものです。こうした行為も、電車の中で黒雲のようにふくれあがった煩悩がなさしめているのです。

『書経』にはこんな話があります。昔、周の武王が四方の国を屈服させ周王朝をつくりました。ある国から珍獣が献上されてきました。武王は喜びましたが、召公《しょうこう》という人物が諫《いさ》めました。そのような珍奇なものに心を奪われて政治を怠ってはならないと言い、「細行《さいこう》をつつしまずんば、終《つい》に大徳《だいとく》を累《るい》せん。山を為《つく》ること九仭《きゅうじん》、功を一簣《いっき》に虧《か》く」と戒めたのです。ここから「九仭の功を一簣に虧く」という格言が生まれました。九仭ほどもある高い山を築いても、簣《もっこ》（土を運ぶ竹の籠）の最後の一杯が足りなければ山は完成したとは言えない、つまり、どんな努力も最後のわずかな失敗で無に帰してしまうというのです。

最近の事件では、ライブドアがよい例でしょう。時価総額八千億円ともいわれた会社が五十億円の虚偽記載で、社長から側近まで逮捕され、会社は存亡の危機に立たされました。会社はそれなりに順調だったらしいので、虚偽記載をする必要などなかったのではないかと多くの評論家は言っています。ほんのちょっとした気の緩みがこうした事態を招いたのでしょう。

このように気が緩むのは、自分だけは大丈夫だ、という驕《おご》りがあるからだと中国の古典は教えます。『礼記』には「傲《ごう》は長ずべからず　欲は従《ほしいまま》にすべからず」とあります。成功に驕り、周囲を見下す、同時に欲望のままに利を求める――このようなことは危険だと礼記は説くのです。まさに最近の経済犯罪に当てはまるのではないでしょうか。

現在では、犯罪さえ犯さなければいくら欲望を追求してもよいというような考えも広まっています。しかし、欲望を追求しすぎることは、どうしても細事に気づかなくなるという危険をはらむのです。

趙州和尚は、これから修行しようとする人に、人は毎日行うべきことを、たとえ些細《ささい》なことであっても着実に実行することが大事だ、それをおろそかにすると、それ以外のことでも小さなことをないがしろにしがちになり、その結果、人生を棒に振ることになると戒めたのです。

百《ひゃく》丈《じょう》大《だい》雄《ゆう》峰《ほう》

●坐禅はあなたを変えてくれる

『碧巌録』（中国・宋時代の有名な公案集）第二十六則

公案◉ある僧が百丈和尚に尋ねた。

「この世で最もありがたいことは何でしょうか？」

百丈は答えた。「自分が山の如くに坐っている、これこそ最も尊いことだ」と。

すると僧は礼拝をした。それを見て百丈は僧を竹篦《しっぺい》でぴしりと打った。


百丈懐海《ひゃくじょうえかい》は達磨大師《だるまだいし》から数えて九代目の祖師です。唐時代の中国禅を大いに発展させた馬祖道一《ばそどういつ》の法を継ぎました。百丈が悟りを得た時の様子を示す公案があります。

百丈が馬祖のお供をしていた時のことです。野鴨《のがも》がばたばたと飛び立ちました。馬祖はそれを見て、「あれは何か」と聞きました。百丈は「野鴨です」と答えます。「どこへ行った」、「向こうへ飛んでゆきました」。すると馬祖はいきなり百丈の鼻の頭をひねりました。「いたた！」と叫ぶと、馬祖は「どこへも行きはしないではないか」と言いました。ここで百丈は気づいたといいます。

私たちが坐禅などをして、その心境が深まりますと、対象と自分が一つになったような感じになります。経験のない方に説明するのは難しいのですが、対象からの音、光などの刺激によって、自分が光ったと感ずる時があり、それが悟りの瞬間とされます。

臨済宗妙心寺派の管長をなさっていた山田無文《やまだむもん》老師は、庭の銀杏《いちょう》が金色に輝いているのを見て、「自分が輝いている」と叫んだといいます。つまり、日常の立ち居振る舞いにおいても精神を統一し集中していると、常に対象と自分が一つになってしまうのです。鼻の頭をひねられた瞬間に百丈は自分と野鴨が一体だと感じたのでしょう。

掲げた公案で百丈はなぜ竹篦《しっぺい》（45ページ参照）で僧を打ったのでしょうか？　それは、僧が百丈の心境がわかったような顔をし、それは本当にありがたいことですねなどと態度で示そうとしたので、「そんな生意気なことをするほど修行ができているのか」と一喝を食らわせたわけです。

この公案が教えてくれるのは坐禅のすばらしさです。百丈は「独り、大雄峰《だいゆうほう》に坐す」と言っています。大雄峰とは百丈が大智寿聖寺《だいちじゅしょうじ》を建てた百丈山のことです。大雄峰という語に、どっかと坐っているという意味も含めているのでしょう。

私は自分の今日あるは坐禅のおかげだと思っています。

坐禅の功徳《くどく》は計りしれないといいますが、本当です。坐禅は自分を変えてくれるのです。本来、自分が仏であることを実感させてくれます。坐禅をすると、顔つき、声、言葉遣《づか》い、態度などすべてが変わります。まるで別人のようになると言っても過言ではありません。

山田無文老師は、坐禅によって次第に変わってゆく人の顔を見ると、私たちが本来仏であり、仏のすべての徳、能力を持っているということを実感するとおっしゃいました。また坐禅をすると、自然に徳が現れだすのです。道元禅師はこれを「宝《ほう》蔵自開《ぞうじかい》」と表現し、私たちが本来持っているよいものが自然に出てくるのだとおっしゃっています。

曹洞禅の坐禅の教科書とも言える、道元禅師が書かれた『普勧坐禅儀《ふかんざぜんぎ》』にも「坐禅は安楽の法門なり」と書かれています。つまり坐禅をすると心が安楽になり、苦しみなどがなくなるというのです。

また坐禅をすると病気にならないとおっしゃった禅僧もいます。実際、心が平静になってくるので、ストレスなどによる病気にならないのは私も実感するところです。

しかし、坐禅も続けなくては意味がありません。これこそ精進《しょうじん》です。精進について釈尊は『仏《ぶつ》遺《ゆい》教《きょう》経《ぎょう》』という遺言とも言えるお言葉の中で、僧たちに「汝等《なんじら》比丘《びく》(=僧侶)、若《も》し勤めて精進すれば、事として難きもの無し。是の故に汝等当《まさ》に勤めて精進すべし」とおっしゃっています。釈尊は「少しの水でも流れ続けるから石をも穿《うが》つ。火を起こそうという手を休めればけっして火を得ることはできない。続けることこそ精進だ」と説いておられるのです。

どんなに少しずつでも毎日努力すれば、かならず道の果てに行き着くことはできるのです。「怠らず行かば千里の果ても見ん、牛の歩みのよし遅くとも」という古歌があるのは、ここを述べたものです。

坐禅は、凡人が自然に仏のような人間にしていただくための唯一の方法だと私は思っています。人間は修行することで立派になるのではありません。修行することで、自分が本来は立派なものであるということに気づかせていただくことができるのです。

剣道家でもあった大森曹玄《おおもりそうげん》老師は「坐禅というが、坐という字を禅の十倍くらい大きく書くとよいくらいだ。禅の理屈などはまったく知らなくても、坐禅さえすれば禅の本質はわかる。だから坐に徹することが大事なのだ」と言っておられます。

●仏心《ぶっしん》は宇宙全体にあまねく満ちている

三界無法《さんがいむほう》　何《いず》れの処《ところ》にか心《しん》を求めん

『碧巌録』（中国・宋時代の有名な公案集）第三十七則

公案の書にはよく頌《じゅ》といわれる、禅の本質を伝える詩がついています。ここでは公案そのものではなく頌をご紹介します。『碧巌録《へきがんろく》』の絶唱といわれるくらい美しい詩だからです。禅を知りたいと思う方には、このような美しい詩を覚え口ずさむこともお薦めしたいのです。

盤山《ばんざん》禅師は前項に出てきた馬祖道一《ばそどういつ》の法を継いだ方です。ある説法で「三界無法、何れの処にか心を求めん」、つまり、宇宙(三界)には法などはない、だから心というものを求めても、どこにも見つからないとおっしゃいました（なぜなら心は宇宙全体に満ちているのですから）。

ここでいう法とは、仏教の本質を示す三つの法(三法印《さんぼういん》)であり、諸行無常《しょぎょうむじょう》、諸《しょ》法無我《ほうむが》、涅槃寂静《ねはんじゃくじょう》の三つです。このうち諸行無常は、物が一定の状態にとどまらないということで、諸法無我は、物には実体がなく、自分の物という物はないという意味です。

この二つの法は仏教だけのとらえ方ではありませんが、第三の法である涅槃《ねはん》寂静《じゃくじょう》は、釈尊だけが見出された至上の真理とされます。「涅槃」は、死んだ後の世界と誤解されているかもしれませんが、あらゆる煩悩から解放され悟りきったやすらぎの境地です。この境地は限りなく清浄で、静けさに満ちているというのです。

しかし、私たちの体も意識もすべて確たるものではなく、無常なものだということは、このような三つの法さえ実在しないということであり、限りなく清らかで、静かな仏心の世界があるだけだ、ということにもなるのです。

雪竇《せっちょう》*は、こうした世界を描いて、この公案（第三十七則）に次の頌をつけました。

三界無法《さんがいむほう》　何《いず》れの処《ところ》にか心《しん》を求めん
白雲《はくうん》を蓋《がい》と為《な》し　流泉《りゅうせん》を琴《きん》と作《な》す
一曲両曲《いっきょくりょうきょく》人《ひと》の會《え》するなし
雨過ぎて夜塘《やとう》　秋水《しゅうすい》深し

宇宙には法などない。だから心を求めてもどこにも見つからない。宇宙の法は白雲の下、流れる泉の音を、琴《きん》（琴《こと》の原形となった楽器）のように奏で続けているだ

雪竇：模範とすべき名僧たちの言行から百を選び、これらから頌（詩）を作った僧。これに圜悟克勤（えんごこくごん）が評唱を付けて成立したのが『碧巌録』である。

けだ。このような曲を会得できる人はいない。連日連夜の秋雨で水量の増した夜の堤を、あふれるように水が流れてゆく、という意味です。

三界無法について、大徳寺の開山《かいさん》、大燈国師《だいとうこくし》も詩を作っています。

千峰《せんぽう》雨霽《は》れて　露《ろ》光《こう》冷《ひ》ややかなり
月は落つ　松根《しょうこん》籮《ら》屋《おく》の前
等閑《とうかん》に此の時の意を写さんと擬《ぎ》すれば
一渓《いっけい》雲鎖《とざ》して水潺《せん》々

雨がやんで山々は晴れわたり、木々の露が冷ややかに光っている。月が松の木の根元の粗末な小屋を照らしている。この光景を表現しようとしても、一瞬のうちに月はかげり、ただ谷川の水音が聞こえるばかりである。

碧巌録から、もう一つ美しい頌《じゅ》を持つ公案をお示しします。これは第七則の「法眼、慧超仏を問う」という公案です。慧超《えちょう》という僧が法眼《ほうげん》禅師（41ページ参照）に「仏とは何か」と問うたのです。慧超は相当実力があったらしく「和尚に申す」と言って問答を始めています。つまり法眼の実力を試そうとしているのです。すると法眼は三段の瀑布：山峡を三段に切り開いて黄河の洪水を治めたといわれる非常に大きな滝。魚がそこを登ると龍に化すという伝説がある。

「お前は慧超ではないか」と言ったというのです。つまり、お前が仏なのに、何を言っているのだという、仏教の本質を衝《つ》く問答なのです。

この公案に付された頌は次のようなものです。

江国《こうこく》の春風《しゅんぷう》吹き起《た》たず
鷓鴣《しゃこ》啼《な》いて深花《しんか》裏《り》に在《あ》り
三級《さんきゅう》浪《なみ》高《たこ》うして　魚　龍と化す
痴人《ちじん》猶《なお》戽《く》む夜塘《やとう》の水

江南地方の春のかすかな風に応えて、鷓鴣《しゃこ》（鳥。キジの仲間）がよい声でひそかに鳴いている。姿は見えないので、花の陰にいるのだろう。法眼は三段の瀑布*を泳ぎ上がる魚が龍となって天に昇ってしまったような人物なのだ。それを知らずに法眼の実力を試そうとするとは、まるでおろか者がまだ元の魚がいるはずだと夜の堤を探しているようなものだ、というのです。

碧巌録の提唱（講話）をしておられた朝比奈宗源《あさひなそうげん》老師も「このような美しい頌があることが碧巌録の名声を高めている」と言っておられます。

第2章

いかに生きるべきか?

●自分が幸せでないと他人を幸せにすることもできない

幸福な人とは幸福を感じている人だ

関牧翁老師（臨済宗・天龍寺派〈京都〉管長　平成三年没）

これは悩める私を救った言葉と言っても過言ではありません

「丙丁《びょうじょう》童《どう》子《じ》来《らい》求《ぐ》火《か》」という公案があります。丙丁童子は火の兄弟です。この公案は「本来は清らかな心を持っている私たちが修行して仏になろうとすることは、火の兄弟が火を求めるようなものだ。本来持っているのだから無意味だ」という意見の僧に対して、その誤りを正す公案です。

「まえがきに代えて」でも書いたとおり、私たちが本来仏と同じ心を持っているからといって、だから修行しなくてもよいという考えを、禅では強く否定します。

しかし、いかに生きるべきかに悩み、自分に自信が持てない人に「あなたも本来仏や神と同じ心を持っていますよ」と教えることは間違っていないと思います。NHKラジオのアナウンサーを中川宋淵《なかがわそうえん》老師が諭したとおりです。道に迷って苦しんでいる人に「まず坐禅の修行をせよ。必死にやって悟りを得よ」などと言っても聞く人はいません。それでは仏教は救いを与えられない宗教ということになってしまいます。

禅の修行を始めると、師はかならず〝すべての知識を捨てよ。お前が正しいと考えていることは間違いなのだ〟などと言います。もしこの言葉を額面通りに受け取れば、坐禅して修行を完成させない人は、社会で活躍することもできない間違いだらけの人間だということになってしまいます。悟っていない者は何も意見を言えないのでしょうか？

私は天龍寺(京都府)で関牧翁《せきぼくおう》老師にお会いしてこのことを問いました。

牧翁老師は慶応大学医学部の私の先輩です。在学中に「人生いかに生きるべきか」に悩み、当時、武者小路実篤《むしゃのこうじさねあつ》が提唱していた「新しき村」で農業に従事したり、岐阜のお寺で寺男のような生活をしたりしていましたが、のちに天龍寺派の管長になった方です。

牧翁老師は「あなた、自分の見識でものを言えばよいのですよ」とおっしゃったのです。さらに「人間は幸福だと思っている人が幸福なのです。幸福を感じていない人がどんな立派なことを言っても信じられません」と言われたのです。老師は私の悩み（おそらく老師も若い時に持たれた悩み）を見抜かれ、励ましてくださったのだと思います。ちょうどラジオのアナウンサーに対して中川宗淵老師がなさったように――。

ある時に朝比奈宗源老師の『碧巌録』提唱をお聞きしていました。その時に老師は「本当に悟った人の場合には、おほんと言おうが、えへんと言おうが悟り丸出しだ」と言われたのです。

これには本当に驚きました。悟りとは、釈尊と同じように人の心が清らかなものだと気づくことなら、老師の皆さんのおっしゃることはすべて正しいのではないか、それなら社会の最も重要な役割は禅の老師方にお願いするしかないではないかと思ったほどです。

しかし、老師方の社会問題への解釈が人により異なること、また禅のあり方そのものについても意見が違うことなどを見聞きするにつけ、自分は、僧堂内でのことを実人生にも当てはめようとしていたのであり、それは間違いであると確信するようになりました。牧翁老師のお言葉はまさにそこを衝いているのです。自分が幸せだと思うなら、自分の見識でものを述べよ、人に聞く必要はないと言われたのです。

現在の私の考えは次のようなものです。「禅がもし至上の真理を伝えるものなら、それは一般社会の出来事についても当てはまらなければいけない、しかし、その解釈は各人が自分の見識ですればよい。そのためにも、自分が幸せだと思えるように努力しなくてはならない」ということです。

人によっては「自分の幸せだけを考えてはいけない。人の幸せのためには自分を犠牲にする覚悟も必要だ」と言うかもしれません。しかし、他人のために尽くすことに幸福を感じないと他人のためには働けないのです。自分が幸せだと思ってこそ初めて人のために働けるのです。ですから、自分が幸せだと思えるように努力することはけっして自分のことだけを考えていることにはならないのです。

またこのことは、自分が幸せになると周囲の人を幸せにできる、あるいは周囲の人が幸せになってくるということも意味しています。ですから、まず自分が生きがいを持ち、日々満足できる生き方を目指して努力することが大事なのです。そうでないと、嫉妬心、競争心、敗北感などによって自分が不幸になるだけでなく、他人を幸せにすることもできません。

「自分は不幸でも他人を幸せにできる」などということはないのです。むしろ人を不幸にしてしまいます。牧翁老師は誤解を恐れず、端的にこのことを述べられたのだと思っています。

●「一生幸せ」はありえない

逆境の中《うち》にあれば周りみな鍼砭薬石《しんぺんやくせき》

『菜根譚《さいこんたん》』(中国・明時代の処世哲学書)

人はうまく行かない時にどのように生きるかで価値が決まるといいます。またうまく行っている時ほど危険が多いともいいます。

掲げた言葉の中の「鍼砭薬石」は金属や石の鍼《はり》と薬のことで、逆境の時の苦労はすべて後に自分の薬となるものだということです。そして、その時にはそのことに気づかないものだというのです。この言葉はさらに続き「逆に順境の時には多くのものを失いやすく、やはりそのことに気づかないものだ」と言っています。

私は自分の人生を顧みて、この言葉の真実をつくづく感じます。自分がうまく行かなかった時に、なんとかしようと思い、いろいろな宗教家の話を聞きました。また修養書もずいぶん読んだのです。その時にお聞きした言葉、人間関係、読んだ本などが、今日このような本を書いたり講演したりする時に役立っているのです。こうした経験がなかったら今の生き方はなかったと思います。

また私はうつで悩んだからこそ、同じような他人の悩みが理解できます。楽天的な人にうつ病を治すというような本は書けません。

また苦労をすると他人の気持ちがわかるようになります。単に相手の気持ちになれるというだけでなく、相手の屈折した感情や暗い面も理解できるのです。このことはその後の人間関係にも役立ちました。警戒すべき人、信頼すべき人、恨みを持ちやすい人などがわかり、だまされたりしなくなったのです。

よく「若い時の苦労は買ってもしろ」と言われます。それに対して「苦労をすると人間がいじける。だからあまり苦労をしないほうがよい」という反論がありま す。もちろん生まれてからずっと幸せでいられるなら、そのとおりでしょう。しかし現実は違います。若い頃は非常に恵まれた人生を送ったのに晩年は悲惨だったとか、ガンなどの病気で早く亡くなったというような方が多いのです。つまり人間というのは、いつも幸せではありえないという宿命を負っているのです。

では、あなたは、「若い時にうまく行って晩年が不幸な人生」と「若い時は苦労をしても晩年が幸福な人生」とどちらがよいと思いますか?

私は人生の最後の頃に幸せである人が最も幸せのように思えます。若い時に苦労をしてしまい、人情の機微を知り、その後の人生に役立てることができれば、それが最もいいと思うのです。

「いや、最後の数年、あるいは十数年のみが幸せで、それまでが苦労の連続ではつまらないではないか」と言われる方がいらっしゃるかもしれません。しかし、そのような意見は、人間は一生幸福に生きられるという楽天的な前提に基づいていると思います。実際はそのようなことはありえないのです。若い時に幸せなら晩年には苦しみが待っている可能性が高いのです。

このように考えると、若い時の苦労は、自分を鍛え、晩年の幸せを約束してくれるものだと思えます。

人生は誰にとっても楽ではありません。楽な人生がどこかにあると思うから苦しみに耐えるのが辛いのです。いつかは払わなくてはならない借金を今払っていると考えることができれば、今の苦労が苦労でなくなるのです。

ある人が「若い時に汗を流さないと、年をとってから、それが涙になって出てくる」と言いました。若い時に苦労の汗を流しておこうではありませんか。あるいはそのように自分の子どもに伝えようではありませんか。

●技術のみによって生きる者は技術で終わる

字がうまいと損をする

山本玄峰老師（龍沢寺〈静岡〉住職　臨済宗・妙心寺派〈京都〉管長　昭和三十六年没）

日本はもの作りを重んじ、それによって経済がよくなった国だといわれます。実際に日本の中小企業が開発した精緻《せいち》な技術は世界に冠たるものと言ってもよいでしょう。このような基礎の上に産業が成り立っています。あらゆる分野の日本の製品が群を抜いてすばらしいのはこの技術があるからです。

しかし、技術のみに頼って生きる人は必ずしも恵まれた人生を送れません。

循環器の治療で有名な大学の医局にある医師がいました。カテーテルという細い器具を心臓を取り巻いている血管(冠動脈)の中に通して、閉塞している血管を広げる技術では天才的です。病院でこの施術をする時にはいつも彼に頼んでいました。しかし、彼はこれ以外のことでは高い評価を得ることができず一生を終わったのです。

山本玄峰《やまもとげんぽう》老師は龍沢寺《りゅうたくじ》（静岡県三島市）の住職でした。龍沢寺は、江戸時代の中期に禅を再興した白隠《はくいん》禅師（だるまの絵でも有名です）が創建された臨済宗《りんざいしゅう》の名《めい》刹《さつ》です。

玄峰老師は捨て子でした。しかし大変な努力をされ、終戦の詔勅《しょうちょく》の中の「耐え難きを耐え、忍び難きを忍び」の文言を進言し、新憲法の象徴天皇という概念を示唆されるほどの高僧になられました。

玄峰老師は小学校も出ておられなかったのですが、書が巧みで有名でした。老師の鍛えられた心が筆先からほとばしり出るという感じで、見る者を感動させます。余計なことですが、近年の禅僧の書では最も高い値がついているほどです。

ある時、信者が、自分も書を習いたいと言ってきました。すると老師は「書を習うなら、わしの年齢になってからにしたらよい。字がうまいと、人に使われて一生を終わるぞ」とおっしゃったのです。つまり何かの挨拶状を書くとか、宛名書きをするなどという時に狩り出されて重宝がられるだけだというのです。

玄峰老師はまた、別の時に「技術のみで生きる者は技術のみで終わる」ともおっしゃいました。

再び医療の世界に例をとりましょう。

手術のうまい外科医は人気があります。天才的なメスさばきと評価され、噂が噂を呼んで、まだ病気にもなっていない人が「自分がそういう病気になった時はぜひあの先生に頼みたい」などと言い出すことがあるほどです。

ところがこういう医師に限って意外に不勉強であったりします。ガンの取り方はうまいのに、なぜガンになるのかの最新知識を知らないなどということがあるのです。言葉は悪いのですが専門ばかです。

こういう医師が講演を依頼されることがあります。すると一般人にはあまり参考にならない技術的な内容に終始してしまうことが多いのです。ガン撲滅週間の講演会などでは、聴衆はガンの手術法だけでなく、病気にならないで生きるにはどうしたらよいかとか、万一手遅れだった場合にはどのような心構えでいたらよいかというような精神的な話を聞きたいと思っているのです。こういう医師はそうした話ができません。

また、こういう医師は話していても技術的な話題ばかりで深みがなくおもしろくありません。生き方とか人生の目的などということには興味がないのでしょう。いや、そのようなことを考えたりする人を暇人《ひまじん》とか、能力がないからそんなことに時間を使うのだ、などと批判している人が多いのです。

宮本武蔵は剣が強かったというだけではありません。『五輪書《ごりんのしょ》』はいかに生きるべきかを説いた書とも言えるのです。彼は剣術を通じて生きることの本質を問い続けた人です。だから後世の人に感動を与えるのです。

幕末から明治にかけて活躍した政治家で剣術家としても有名な山岡鉄舟《やまおかてっしゅう》も同じです。彼は禅に打ち込み心を鍛えることで剣の上達も目指しました。逆に剣の修行で心を磨くことにも専念したのです。

玄峰老師のおっしゃるように、技術のみに生きる人は、たとえ現役時代にはもてはやされても、晩年は誰にも頼られないさびしい人生を送ることが多いようです。人はかならず年をとります。技術だけで生きることができなくなった時のことを考え、日ごろから心に目を向け、心を鍛えることに専念する生き方が望まれるのです。

●本職に専念することがなにより

人は特技に足をとられる

藤森弘禅老師（臨済宗・方広寺派〈静岡〉管長　昭和五十九年没）

昭和三十年代の終わり頃、三島の龍沢寺で参禅をしたことがあります。その時は有名な中川宋淵老師の教えを受けようとしてうかがったのですが、足を怪我され入院なさっていました。その代行として藤森弘禅《ふじもりこうぜん》老師が提唱されました。隠寮《いんりょう》（師家《しけ》や長老の部屋）にお座りになっている藤森老師の姿は布袋《ほてい》様のように思えました。

藤森老師は山本玄峰老師のお弟子さんで、玄峰老師が亡くなられてから、宋淵老師の指導を受け、その法を継いだのでした。私がアメリカにいる間に臨済宗方広寺《ほうこうじ》派の管長になられました。

玄峰老師は「なまじ字がうまいと損をする」とおっしゃいましたが、藤森老師も、「人は特技を持っていると他人に頼られ時間をとられるので、本職で成功しなくなる。むしろ、そんな特技などなくて、打ち込む仕事がある人のほうが成功する」とも言っておられました。

このことで思い出すのが墨子《ぼくし》の言葉です。「人はその長ずる所に死せざるは寡《すくな》し」――人は才能によって身を滅ぼすものであるというのです。戦国時代で生死を分けるような場合が多かった頃の話ですから「死せざるは」という言葉を使っていますが、今で言えばさしずめ「失敗せざるは」ということになるでしょう。

墨子は次のような例をあげています。

「ここに錐《きり》が五本あるとする。真っ先に折れるのは一番鋭利な錐である。刀が五本あるとする。真っ先に摩滅してしまうのは一番切れ味のよい刀である。また、一番先に汲《く》み尽くされてしまうのはうまい井戸の水であり、一番先に切り倒されてしまうのは高くまっすぐな木である」

世の中には専門家はだしの特技を持っている人がいます。ピアノが非常にうまいとか、男性ですが料理が得意で、自分の名入りの包丁を何種類も持っているなどという人もいます。

それに対して何の特技も持たず、人前で披露するような隠し芸も持たない人もいます。このような人は、パーティーのたびにピアノでショパンの曲を弾き、やんやの喝采《かっさい》を浴びる人をうらやましく思い、「もしもピアノが弾けたなら」という嘆きを身にしみて感ずることも多いでしょう。

そんなことで劣等感を感じる必要はない、というのが墨子の言葉です。ゴルフのうまい人、マージャンのうまい人はいつも接待の席に狩り出されてしまいます。今日は仕事が忙しいからと言っても通用しません。そのように接待で力を発揮すれば、人間関係ができて、会社でも出世しそうですが、会社は仕事ができる人だけに目をつけます。そのような人は特技があろうとなかろうと関係ありません。

私も別に特技は持たないのですが、昔はピアノを弾いていました。今はまるで止めています。こうして本を書いたり、今取り組んでいる食の問題に関する論文を読んだりすることにすべての時間を使っているのです。それでも時間はいくらあっても足りません。とても趣味に回すどころではないのです。

他人を見てうらやましいと思うのは人の常です。また自分にもあのような能力があればと思うのも人間として当然でしょう。また子どもの頃にピアノなどを習わせてもらえる境遇だったらと親を恨む人もいるかもしれません。

しかし、私たちを生かしてくれていて、社会に貢献できるようにさせてくれているものは何でしょうか。それは私たちが本職としている分野でのささやかなる能力なのです。これが一番大事なのです。

ヤクルトの古田監督はたいへん将棋が強いそうです。しかし、彼も将棋で食べてゆくことはできないでしょう。野球があるから社会で尊敬されるのです。つまり最も大事なことは、本業で能力を発揮することです。

本業以外で何かがうまいとか、特技があるというのはすばらしいことでしょうが、なくても卑下する必要はないし、人をうらやむ必要もないのです。人それぞれという寛《くつ》ろいだ心をもって生きることが大事なのです。

特技を持つと人に嫉妬されるというマイナスもあります。また特技があると他のことでもうまく行くはずだという驕《おご》りも生まれます。特技がないほうがかえって身のためだという藤森老師の言葉は、けっして少数の人にのみ当てはまることではないでしょう。

●こだわりを捨てれば心地よく生きられる

過去も未来もただ心から

盤珪禅師（江戸時代の禅僧）

最近は脳トレ（脳のトレーニング）と称して、記憶力を強化する訓練が推奨されています。とくに認知症では、もの覚えが悪くなるとか、覚えたことをすぐに忘れるという症状が出るので、多くの人は、記憶の訓練をすれば、認知症、とくにアルツハイマー病を防ぐことができるのではないかと考えるようになりました。

マスコミでも、老化の進んだ高齢者に脳トレのドリルをやらせると、次第に自立心が芽生え、いろいろなことを自分からやれるようになるとか、歩く時に歩行器の助けがいらなくなるなどということを報道し、ブームを煽《あお》っています。

たしかに脳の回路は使えば使うほど機能が向上し、使わなければ退化することが明らかになっています。

問題はこのような訓練が脳の異常な興奮を引き起こすと、かえって脳細胞が死滅してしまうということです。常に何ごとかを心配し続けたり、悩んだりしていると、その神経が異常に興奮して、自己死（アポトーシス）を起こします。これはアルツハイマー病を誘発するのです。

また心を苦しめすぎると、ストレスホルモンといわれるコロチゾルが副腎皮質《ふくじんひしつ》から出され、これが脳細胞と結合するとその機能を抑え、さらにアポトーシスを引き起こすのです。

年をとると人の名前を思い出しにくくなります。脳トレによって名前を忘れないように訓練すること自体には問題はありません。しかし、名前を思い出しやすくなると、その名前の人物のことだけでなく、その人との過去のやりとり、嫌な記憶、失敗なども思い出しやすくなります。すると、いらだち、憎しみ、不快感などのとりこになり、「今度会ったら皮肉を言ってやろう」とか「二度と協力するものか」、「あいつなど失敗すればよいのに」などという思いで心がいっぱいになるのです。

また過去の出来事を思い出すことが多くなると、「自分はなぜあんなことをしたのだろう」「いつも失敗ばかりしている自分に生きている価値があるのだろうか」「あの人に比べ、自分はなんとだらしのないことか」などと自分を責めるようになります。このような嫌な記憶、自責の思いが私たちの心を傷つけないはずはありません。

江戸時代の禅僧、盤珪禅師《ばんけいぜんじ》はここを取り上げています。掲げた名言はご自身の教えを歌にしたものの一部です。

過去も未来もただ心から　心にとどむと思わずば

浮世もあらじ　峰の松風　松に吹く

「浮世」は「憂き世」という意味です。過去も未来も、あると思うから存在する。そんなことにこだわらなければ憂鬱《ゆううつ》になることもない。峰からの風が松に吹き、心地よい。そういう歌です。

盤珪禅師の歌には「さまざまなことを思い出すから心が苦しいのだ。記憶さえなければ、それにとらわれさえしなければ、憎しみも恨みも妬《ねた》みもない」という内容が繰り返し出てきます。

前著『魂をゆさぶる禅の名言』でも、盤珪禅師の嫁姑《よめしゅうとめ》問題についての考えを紹介しました。嫁と姑が憎み合うのは、相手が「あの時にあんなことを言った」「こんな意地悪をした」という記憶のせいであって、嫁も姑も悪いわけではない。記憶が悪いのだ、というのです。

釈尊

衣服《いふく》居所《きょしょ》を飾るもまた仏道の助けなるべし

●ぜいたくがいけないわけではない

仏教に惹《ひ》かれながらも、なんとなく近づきにくいのは、仏教がともすれば禁欲的な教えだと思われているからではないでしょうか。

山田無文老師は「求むるところあるは皆苦《みなく》なり」と言われ、私たちのすべての苦は、何かを欲しがり何かを求めるからで、この心さえなくせば苦はなくなるとおっしゃっています。仏教の本質から言えばまさにその通りだと思うのですが……。

釈尊の時代に天須菩提《てんしゅぼだい》という方がおられました。この方は長い間菩薩《ぼさつ》として天上に住んでおられ、人間として地上に来られた時も王様の家にお生まれになりました。やがて出家という時になって天須菩提は、釈尊が衣服や住居を飾ってはならぬと戒めるのを聞いて、このようにお考えになりました。

「自分は富貴《ふうき》の家に生まれて、建物に金銀をちりばめ、衣服に美しい錦繡《きんしゅう》を飾っている。けれども、なおまだ満足できないことがある。いわんや粗末な衣服を着て、あばらやなどに住むことができようか。しばらくの間、家に帰って、自分の気持ちを十分満足させて、それからやって来よう」

こうして釈尊の所へ行って、暇《いとま》を告げました。すると釈尊は、弟子の阿難《あなん》に言いつけて、王宮からたくさんの立派な道具を借りてこさせ、天須菩提が気に入るように屋内を飾りたててやりました。

天須菩提はそこで一晩泊まりました。すると平生の希望が、その一晩だけで満ち足りてしまい、妄想がなくなって、たちまち悟りを得ました。そして、その夜遅く空中に飛び上がってしまったのです。

阿難はこれを見て不思議に思い、釈尊に尋ねました。その答えが掲げた言葉です。

釈尊がおっしゃるには「衣服や住居を飾っていながらも求道《ぐどう》の心を励ましている者がある。そういう人は、衣服や住居を飾るのもまた、仏道修行の助けとなることであろう。逆に衣服や住居を飾ることによって求道心を損なう者もある。仏道を悟り果報を得るというのは、ひとえに修行者の心がけによるものだ。衣服や住居に関係するものではない」とのことでした（夢窓国師《むそうこくし》『夢中問答集』川瀬一馬＝校注・現代語訳〈講談社文庫〉より）。

●激しい気迫が観音様のような柔和な姿を生む

達人は無理をしない

大森曹玄老師（臨済宗・高歩院《こうほいん》〈東京〉住職　花園大学学長　剣術家　平成六年没）

大森曹玄《おおもりそうげん》老師は関牧翁《せきぼくおう》老師の法を継いだ方です。剣の達人でもあります。もともと剣の道を志したのですが、身体が小さいハンデがあり、それを克服しようと努力し、やがて「気」の力で相手を倒そうと禅に励むうち、禅の道を深められたのです。

山岡鉄舟を尊敬され、鉄舟会（鉄舟を尊敬して集まる人々の会）の会長を務め、禅では花園大学（京都府）の学長もなされました。『山岡鉄舟』『剣と禅』『書と禅』など多くの著作があります。老師は気迫とか気力ということを大切にされ、全身に気を満たして書を書く、あるいは剣をふるうということを主張しておられました。

大森老師は、坐禅でも剣道でも書道でも、激しい気迫をもってやってやってやり尽くせば、次第に観音様のような柔和な姿になると言っておられます。

「坐禅でも山門の仁王様のようにうんと歯を食いしばり、スックと背骨をつっ立てて坐るがよい。なぜ背骨がまっすぐにならないのか。気力がないからだ、具体的には呼吸が整ってないからだ。姿勢という字は姿という字の下に勢いという字を書く。あの勢いという字はどういうことか。〝息競《いききほ》う〟の詰ったものだ。呼吸が競い立つように燃え立っていることであろう。呼吸が整い、深い息ができれば、自然に背骨はスーッと立ってくる。呼吸が整わないからすぐグンニャリするのである」

（『驢鞍橋《ろあんきょう》講話』＊〈大法輪閣〉より）


この大森老師がおもしろい話を紹介されています。

ある武芸者が弟子の技量を試そうとしました。格子戸を開けると上から短刀が落ちてくるような仕掛けを作り、弟子にそこを通らせたのです。

最初の弟子は落ちてくる短刀を刀の峰であっという間に打ち落としました。次の弟子はその仕掛けに気づき、手を伸ばして、その短刀を取り外してから中に入りました。ところが第三の弟子はその戸を避けて、別の入り口から入ってしまったというのです。そして武芸者は最後の弟子に免許皆伝《めんきょかいでん》を与えました。

大森老師は、やってやってやり尽くすことが大事だが、達人になれば無理をしないのが尊いと言っておられるのです。なんとも含蓄のある話ではないでしょうか。

＊『驢鞍橋講話』：仁王禅で有名な鈴木正三（97ページ参照）の『驢鞍橋』についての書。

第3章

君子の人間関係とは？

●どんな相手に対しても、ぞんざいな言動をとってはならない。

小吏《しょうり》に接するにもまた礼を以《も》ってす

『宋名臣言行録《そうめいしんげんこうろく》』（中国・宋時代の名臣たちの言行を集録した書）

荒金天倫《あらがねてんりん》老師は、昭和十二年、十七歳で天龍寺（京都府）の僧となり、関精拙《せきせいせつ》老師や関牧翁《せきぼくおう》老師に参禅しました。戦後は京都新聞の記者になりましたが、退職後、牧翁老師に再参禅してその法を継ぎ、臨済宗方広寺派の管長まで務めた方です。ずけずけものを言うので有名で、敵が多く、苦労もされたようでした。

管長時代に肝臓ガンが見つかり、治療を受けていたのですが、依然として精力的に活動なさいました。その闘病ぶりはＮＨＫテレビで報道され、多くの人に感銘を与えました。

天倫老師とのご縁は対談がきっかけです。昭和六十四年に『「病は気から」の科学』（講談社ブルーバックス）を出したところ非常に好評で、多くの人に読まれました。その編集長が、続いて「いかに生くべきか」の参考になるような本を出したいと言ってくださり、そこで、方広寺で盛んに活躍しておられた老師と対談をし、それを『死を見つめる心の科学』として出版しようということになったのです。当時、天倫老師は肝臓ガンが進行しており、対談も何回かに分けて行うという具合でした。禅の話が多かったのですが、痛烈な口調で現在の禅宗のあり方を批判され、さらに著名な政治家、学者なども俎上《そじょう》に載せるなど、本には書けない内容のお話も数多くありました。

老師はその時にこうおっしゃいました。

「人間は権力のある人には気を使い、その人に対して低姿勢に出る。それは地位などを得たい時にその人の推薦がものを言うと思うからかもしれないし、その人を怒らせたら大変だと思うからかもしれない。またそのような高い立場にある人とはつきあいたい、親しくなりたいと思うのも当然だ。一方、そのような立場でない人に対しては、どうせこの男は力も地位もない、将来頼むこともないだろうというので、つい口のきき方もぞんざいになったり、関係を続けようと思うこともなくなる。これが危険なのだ。地位の低い人でもあなたの足を引っ張ることができる。内部告発などで人生を棒に振るのは、このような地位の低い人、力のない人をばかにしたり、無視したりするところから起こるのだ」

そして、掲げた言葉を紹介なさったのです。

宋《そう》の太祖《たいそ》に仕えた将軍に曹彬《そうひん》という人がいました。この人は戦争の重要な局面ではいつも総司令官として重用され、天下統一の後にも軍事の最高責任者に任命されました。このことは彼の軍人としての能力の高さの証明ですが、同時に曹彬は人間的にも立派だったのです。

彼は最高責任者でありながら、いつも謙虚な姿勢を崩さなかったそうで、「小吏《しょうり》に接するにもまた礼を以《も》ってし、いまだかつて名を以って呼ばず」と書かれています。小吏とは下級役人ということです。

当時の人は本名以外に字《あざな》という別名を持っていて、本名で呼ぶことは失礼とされていました。曹彬はどんなに地位の低い役人に対しても本名で呼ぶ非礼を避け、正式に「字」で呼んだのです。

私たちはたしかに立場の高い人、権力のある人にはいつか世話になるかもしれないと思い、丁重に扱います。同時に立場の低い人、成功していない人には無関心になり軽視しがちです。

私の友人が少し問題のある秘書に辞めてもらったら、その後、あちこちであることないことを言いふらされて大変な思いをしたそうです。彼は「どんな人も邪魔をするという力は持っているよ」とつぶやきました。

中国の『戦国策』という本に「恨みの深浅は心を傷つけるかによる」という言葉があります。つまり、人は思わぬことに心を傷つけられ、恨みを持つのです。相手が劣等感を持っている時にはなおそうです。けっして地位が低いからといって軽《かろ》んじた言葉遣《づか》いや行為をしてはならないのです。

しかし、掲げた言葉は「そういう人たちは、こちらの地位や社会的立場を脅かす、どんなことでもしかねないから注意しよう」という戒めではありません。

今は地位や身分が低くても、心の清らかな立派な人がいる。その人があなたを助けてくれる日が来るかもしれない。今の地位や身分、権力があるかないかだけで人を評価してはいけない、という教えです。

見下されているかどうかは相手にもわかります。どんな相手にも礼儀正しく謙虚に接しましょう。信頼はそこから生まれます。

●子どもや部下をうつ病にしないために

人の短所は　つぶさに弥縫《びほう》を為《な》すを要す

『菜根譚』(中国・明時代の処世哲学書)

最近は若者のうつ病が増えています。引きこもりやニートもその予備軍です。うつ病などの心の病には薬物療法があります。主として脳内のセロトニンという神経伝達物質を増やす薬が処方されます。ところがこれで治らない人が多いのです。

ペンシルバニア大学の精神科の教授であるアーロン・ベック教授は認知療法という治療法を提唱しました。彼は二〇〇六年、ラスカー賞を受賞しました。この賞をもらった人の多くがその後ノーベル賞を受賞しているということを考えると、彼の仕事がいかに偉大かわかります。

この理論によると、私たちの心を傷つけるような感情――「自分は最低のだめ人間だ」とか「自分には将来がない。生きていてもしかたがない」といった感情は、外界の出来事そのものが直接それを生むのでなく、その出来事を本人がどのように解釈するかによるというのです。

よい例はリストラです。首になってうつになる人は多いのですが、失業自体はうつ病をもたらす感情を生むわけではありません。失業しても、自分で事業を起こして成功すればなんでもないし、もっとよい会社に再就職できればうつにはなりません。ところが、「首を切られて、自分の将来はどうなるのだろうか」「周囲の人は自分を見下すのではないだろうか」という考えが、自分には未来がない、人に会いたくない、自分などだめだ……という、うつ病の原因になりやすい感情を生むのです。

このような感情を生む考え方を「ゆがめられた考え方」といいます。くわしくは説明しませんが、最も有名な「ゆがめられた考え方」は「白か黒か」の考え方、つまり何かがうまく行けばすばらしいが、うまく行かなければ自分の人生に未来はない、などと両極端に考える考え方です。

最近の若者に特徴的な考え方は、(一)知的フィルターをかけて自分の否定的な面だけを取り出す、(二)結論を急いで、他人の心を臆測したり、将来を勝手に予測する、という考え方です。

たとえば親や上司に批判されると「自分は何をしてもだめだ。自分にはよいところがない」などと考え、さらに「自分は嫌われているのだ」とか「自分には良いところがないと思われているに違いない」などと考えてしまいます。このような考え方が自分の心を傷つけるのは当然です。

　このような考え方が引き起こされるのは、周囲の人が心ない言葉で接したり、または、それが子どもの頃から続いている場合が多いのです。このような目にあった人(子ども)は、どうしても他人の心を探り、自分の悪いように解釈しがちです。

　子どもや部下をこのように追い込まないためにはどうしたらよいのでしょうか？『菜根譚《さいこんたん》』には、人の短所に対する心得が述べられています。これはそのまま子どもや部下への接し方にも応用できるでしょう。

人の短所は曲《つぶさ》に弥縫《びほう》を為《な》すを要す
もし暴《あら》はにして之《これ》を揚《あぐ》れば　是《こ》れ短《たん》を以《も》って短を攻むるなり
人の頑《がん》あるものは善《よ》く化誨《かかい》を為《な》すを要す
もし忿《いか》って之《これ》を疾《にく》まば、是《こ》れ頑《がん》を以《も》って頑《がん》を濟《せい》すと

つまり――短所は細かく気を使って取り繕ってやるのがよい。もし相手の短所を

暴くようなことをすれば、それは自分の短所で相手の短所を攻めるようなものだ。人が頑固で困ると思えば、言葉上手に教え諭すがよい。もし怒ってその人を憎むなら、それは自分の頑固さで他人の頑固さを救おうとするようなものだ、という意味です。

要するに相手を否定したり厳しく接しすぎたりしてはいけないのです。

誰でも人からよく思われたいものです。また親や他人、上司がどのように自分のことを考えているのか知りたいものです。そういう相手から、もしあまりに強く批判されると、自分は相手から悪意を持たれているのではないか？　と解釈してしまいます。

また多くの人は神経質です。とくに優秀な成績で会社に入ってきたような人は神経が細やかなのです。あなたもそうだったのです。それを忘れて、部下や子どものちょっとした失敗を厳しく批判すると、相手を精神的に追い詰め、病的にしてしまいます。

とくに他人の前でその失敗を責めるなどということは、ただ恨みを買うだけだということを理解すべきです。そのような愛の鞭《むち》などは存在しないのです。

●ほめられるだけの人も、けなされるだけの人もいない。

ひたすらに非難をさるる人はなし
ひたすらに称賛さるる人もなし

山田無文老師（臨済宗・妙心寺派〈京都〉管長　花園大学学長　昭和六十三年没）

日産のゴーン社長が社長に就任してリストラ案を出した時、週刊誌は批判一辺倒でした。ところが、その後、日産を見事に建て直すと、手のひらを返したように「日本の経営者はゴーンを見習え」などという記事が出るようになりました。逆に、ある著名人をほめたたえていた週刊誌が、その人が何か事件を起こすと、以前ほめたことなど忘れたかのようにめちゃくちゃにこきおろすこともよくあります。

西田天香《にしだてんこう》は、明治五年、長浜(滋賀県)の商家に生まれました。二十歳の時に北海道に渡り開拓事業に従事しましたが、やがて、悟りを得、自然にかなった生活をすれば、人は何ものも所有しなくても、また働きを金に換えなくても、許されて生かされるという信条をもって、明治三十七年、「一燈園《いっとうえん》」を京都山科《やましな》に創設しました。大正十年の『懺悔《ざんげ》の生活』の出版で、その名は一挙に世間に知れわたりました。

山田無文《やまだむもん》老師も一燈園で生活し、身近で天香師の生き方を見て強い影響を受けたそうです。天香師のことはよく話し、本にも書いておられます。ところが天香師が亡くなって一年後に無文老師のところへある女性から手紙が来たそうです。そこには、ある評論家が天香師のことを贋者《にせもの》だとか、まやかし者だとか、厳しく批判した新聞記事を読んだが、あなたの本を読むと、天香師のことをいつもほめている。いったいどちらが本当なのだ、はっきりしてくれ、と書いてあったそうです。

これについて無文老師は「まことに返事に困る手紙である。讃《ほ》める人もあれば誹《そし》る人もある。それが世の中である。讃める人には讃めさせておき、誹る人には誹らせておけ、というより外《ほか》ないであろう。十人十色、一人ひとり、ものの見方が違い、感じ方が違い、言い方が違うのだから。そしてことさらに悪く言いたい敵意を持つ人も、世の中にはあるものだから」と書いておられます（『法句経　真理の言葉』〈春秋社〉より）。

ある時、釈尊に向かって、一人の男が、ありったけの非難を浴びせました。釈尊は、ただ黙って聞いておられました。相手が言うだけ言って口を閉じると、釈尊は静かに口を開かれたのです。「あなたが他家へ贈物を持っていった時、先方がその贈物を受け取らなかったら、どうしますか」。男は答えました。「それはしかたがない、持って帰る」。「そうでしょう、先ほどからあなたは、いろいろ私の悪口を言われたが、わたしは受け取らないから、持って帰ってもらいます」。こう言われてはどうしようもない。その男は黙って引き下がったということです。

人間は無口な人を「あいつは変わり者だ」「何を考えているかわからない」などと非難し、しゃべれば「あいつはおしゃべりだ」「軽薄で誠意がない」などと批判します。釈尊は「人間とはそういうものなのだ。それは今始まったことではなく、昔からそうなのだ。そう心得て生きてゆくことが大切だ」と諭されたのです。

法句経《ほっくきょう》に

ひたすらに非難をさるる　人はなし
ひたすらに称賛さるる　人もなし
いにしえも今も未来も　しかあらん

と述べられています。

私たちは、釈尊は完全無欠で、誰から見てもほめられるばかりの人だと思っていますが、釈尊自身、そういう人はいないと言っておられるのです。

法句経には「他人が悪罵《あくば》の毒を与えても、それを甘露《かんろ》として飲むように生きることができなくては、本当の智慧《ちえ》のある人とは言えない」とも書かれています。

●他人のよいところだけを見る

能《よ》き人に比べて捨てば取る者あるべからず

鈴木正三（戦国時代の異端僧　元は武士）

鈴木正三《すずきしょうさん》は戦国時代の僧で、仁王《におう》禅という独自の禅で有名です。仁王のような気迫がないと煩悩には勝てないというのです。出家してからも俗名で通した異端の僧で、じつは元は武士だったのです。

一五七九年に三河《みかわ》（現在の愛知県豊田市）の武将の子として生まれ、関ヶ原の戦い（東軍）、大坂の陣などに従軍し、二百石の旗本となりました。しかし、四十二歳で妻子を捨てて出家してしまいました。島原の乱後の天草へ出向き、荒れた土地に多くの禅寺を建てたりしました。

正三《しょうざん》は「厳しい修行をしなければ悟れないと思われがちだが、そうではない。仏の教えと日常の生き方は別物ではなく、懸命に働き、世の役に立つように努力すれば、それがすなわち仏道の修行である」と説きました。たとえばお百姓には「あなた方の体は仏体《ぶったい》なのであり、心は仏心、している仕事は仏業である。一鍬《ひとくわ》一鍬に南《な》無阿弥陀仏《むあみだぶつ》、南無阿弥陀仏と唱えて、耕作すれば、必ず仏の功徳はある」と述べています。

正三の説法を弟子がまとめたものが『驢鞍橋《ろあんきょう》』です。この中の逸話をご紹介します。

ある時、正三のところに真言宗の書を持ってきた人がいました。正三はこれはありがたい書物だとほめて、その者を帰しました。すると僧の一人が、別のある信者をほめ、それに比べ、今の男のように禅僧に真言の書を持ってくるような愚か者には挨拶もしたくない、と言ったのです。

正三は、「能《よ》き人に比べて、捨てば、取る者あるべからず」と言いました。お前のように、あの人はどうだ、この人はこうだと、よくできた人と比較して、好きな者は取り、嫌な者は捨てるというようにしていったならば、受け入れられるような人は一人もいなくなってしまうではないか。あれはあれなりによいのだと思うことが大事だ、と言われたのです。

慶大医学部の私の先輩である林髞《はやしたかし》先生も、ある授業の時に「君たち、この人はすばらしいとかこの人は欠点だらけだなどと思っているうちは友人はできない。あの人にはこういうところがあり、こういう時にはこのように行動するのだと思えるようになると、その人と長い間つきあえるようになる」と言われました。つまり、どんな人間にも欠点があり、嫌なところがある、もし、その人のよいところばかりを見ていると、欠点が目についた時には、その人から離れることになる。人間というものは欠点があるのが普通だ。この人は自分とは違う、しかし、よいところもあるからつきあうという心がけが大事だというのです。

明治、大正の右翼の巨頭、頭山満《とうやまみつる》に、ある人が「あの人は、こういう男です」と欠点を忠告しました。すると頭山は「あの男にも十のうちの一つくらいはいいところがある。わしはそのいいところとつきあっているのじゃ」と言ったそうです。

自分は欠点だらけなのに、他人に無欠を望むのは無理です。そのような生き方をしていると人は去っていき、独りになってしまいます。どんな人にも欠点はあり、この人はこのような欠点を持っていると認識していれば、欠点が気にならなくなるのです。

このような心がけは組織を成功させるためにも必要です。『後漢書《ごかんじょ》』に「水清ければ大魚なし」という言葉があります。

後漢の時代に都護《とご》（＝総督）として西域の安定に貢献した班超《はんちょう》という名将がいま

した。この人が任務を終えて帰国する時に、後任者が心得を訊きました。すると「ここは異民族が多く、まとめるのは容易ではない。君の性格は厳しすぎる。『水清ければ大魚なし』というではないか。あまりに厳しすぎると人々の支持を失う」とアドバイスしたのです。

アメリカのブッシュ大統領が力の政策を取るようになって、日本でも、自分に絶対服従する者だけを重用するという風潮が強まっているように思えます。しかし、実際にうまく行っている組織を見ると、規律の中にも、かならずある程度の温情を残しています。厳しくすれば人は恐れて従うという考えが正しいと言えないのは、アメリカがイラクの数万人を殺しても、国は治まらないということからもわかるでしょう。

人間関係は、個人の間でも組織の間でも同じ理屈が通ずるようです。私の友人、先輩でも、批判精神が旺盛な人には仲間がおらず、孤立しています。人も国も問題点があるのが普通だという認識がよいのです。もっとよい人物がいるはずだ、よりよい国があるはずだという目で、人間や国を評価すれば、その目にかなう人も社会もなくなってしまうでしょう。

●人を疎《うと》んずるな

忌《い》めば則《すなわ》ち怨《うら》み多し

『左伝』（五経の一つ『春秋』の注釈書）

ヨーガの聖者に師事して修行を重ね、「心身統一法」を提唱した中村天風《なかむらてんぷう》さん（昭和四十三年没）は政財界人や有名人にファンの多かった方ですが、常に「嫌いな相手には努めて親切にせよ」と言っておられました。

誰でも人から好かれたいものです。そう思っていても嫌われる人がいます。嫌われる人は誰からも嫌われています。このような人は、他人から認められたい気持ちが屈折して出るのか、むしろ嫌われてしまうようなことを平気でします。しかも、嫌われている人は他人の言動に意外に神経質です。何を耳にしても自分を批判しているのではないか、自分を嫌っているのではないかと疑います。これがさらに他人を近づけないようにしているのです。

このような人が偶然よい地位につくと、周囲の人も「おやっ」と思い、その人に対する態度が変わります。すると本人も今までのように周囲の人に反発して生きる必要がなくなり、穏やかになり闘争的でなくなります。つまり「人間ができてきた」という印象を与えるのです。それがさらにその人への周囲の態度を変えさせ、ますます別人のようになってしまうのです。まさに「地位が人を作る」です。

嫌われてばかりいる人はひがみっぽくなっています。このような時にこちらが努めて親切にしてあげると、相手の心にこちらの気持ちが届き、意外に向こうが心を開き、いろいろ親切に手助けをしてくれることがあるのです。天風さんはここを言うのです。

天龍寺派の管長だった関牧翁老師は、雲水《うんすい》(修行僧)時代に有力な和尚を面罵《めんば》したことがありました。それが響き、いつまでたっても意地悪をされたそうです。まず管長になる時に猛反対され、管長になった後でも邪魔をされたといいます。牧翁老師自身ずけずけものを言う方でしたから、向こうがそうなら、こっちもやってやれとばかりに振る舞い、関係は悪くなるばかりだったそうです。

ある時に、これではならぬ、その和尚を好きにならねばならぬと思い、絶えず好きだ好きだと自分に言い聞かせたといいます。また先輩として立てるように意識していたそうです。すると次第に関係もよくなり、それがよい結果を生んだのです。

この和尚はいろいろな儀式のやり方に精通していたので、あれこれ手伝ってもらえるようになったと書いておられます。

人間の心も作用反作用の法則で動いています。こちらが嫌えば向こうも嫌い、こちらが好けば向こうも好くという具合です。ですから、嫌いという気持ちを持たないことが大事です。

ところが、人の性格はいろいろで、どんな相手でも好きになろうと思えばなれる人もいますが、どうしてもそうできない人もいます。このような人に嫌いな人を好きになれと言っても苦しむだけです。一番よいのは、お互いのわだかまりを引きずらない、つまりすぐに水に流し、いつまでも、言ったり言われたりしたことに執着しないということです。それがだめなら、できるだけ考えないことです。考えれば、思い出して憎く思うからです。

掲げた言葉は『春秋』(五経の一つで、孔子とその門人が編んだとされる史書)の注釈書『左伝《さでん》』にあります。「忌《い》めば則《すなわ》ち怨《うら》み多し」、つまり人を嫌い、避けると、かならず相手は怨んでくるというのです。嫌わないための心得の一つは、とにかくつきあってみて、意外に悪い人ではないということに早く気づくことです。

嫌いという気持ちの奥には、「この人は悪い人だ、この人とつきあうと何をされるかわからない」という恐れがあります。しかし、先ほども述べましたが、地位や立場が変わると性格や態度が変わり、印象がよくなることがあるということは、自分がなじめない人がかならずしも根っからの悪い人ではないということを示しています。

意外に悪い人ではない、自己表現の仕方が悪いに過ぎなかったのだ、ということがわかると急に警戒心が薄れ、嫌いという気持ちも少なくなります。そうすると、向こうもこちらに気を許して、急速に障壁がなくなるのです。

私の友人もこのような経験をしたと言います。ある先輩とけっしていい関係ではなかったのですが、積極的につきあい、関係を改善したのです。先輩も自分が異例の抜擢を受けた時に、すぐに彼を昇進させ、自分の部署に迎えてくれたのだそうです。友人は、この先輩の引きがなければ自分の今はなかったと言っています。

嫌って怨まれてよいことは一つもありません。むしろ自分だけは好意があるというところを示したほうが何かにつけてよい結果を生むとも言えるのです。ただし、人は神経質ですから、意図があって近づくと警戒されるのは当然です。何も特別なことを考えずに近づき、普通につきあう技術は、その人の人間性を高め、奥行きを深くします。

●幸福を吹聴して、他人の無用な嫉妬心をあおるな。

うまいものはそっと食え

関精拙老師（臨済宗・天龍寺派〈京都〉管長　昭和二十年没）

第二次大戦中のことです。神道系の教団である大本教《おおもときょう》の出口王仁三郎《でぐちおにさぶろう》氏と関精拙《せきせいせつ》老師とを対面させるという話が進められていました。宗教家は戦争をどう考えるべきかを問う大きな意義を持つ対面になるはずでした。しかし精拙老師は出口氏に天龍寺に来いと言うし、出口氏は逆に老師に亀岡（京都府）の道場に来いと言っていて、話はまとまりませんでした。そこで、精拙老師に参学していた大森曹玄老師が、ある場所で会っていただくように話を進めたのです。ところが、精拙老師の侍者が、大森老師の手柄にさせまいとして猛反対し、その話は取りやめになってしまいました。後日、大森老師が精拙老師に会うと、「うまいものはなあ、そっと食うことだ」と言われたということです。つまり、このような大きな計画を大っぴらに進めたから、計画の成功を妬《ねた》む周囲の反対でつぶれてしまったのだというのです。

自分の成功を皆に知ってもらいたい、そして自分がいかに力があるかわかってもらいたいと思うのは人情です。しかし、これは同時に嫉妬を生むのです。周囲の人は「そんないい思いをさせてたまるか」と足を引っ張ります。その結果、すべての計画がおじゃんになったり、途中で中止になったりします。また計画が成功しても、他のことで足を引っ張られて、もっとひどい目にあいます。

『魂をゆさぶる禅の名言』でもご紹介しましたが、「勝つ者は恨みを受く」なのです。ある人が勝つということは、誰かが負けるということです。この世には成功する人のほうがしない人よりはるかに少ないのです。恨む人の数には限りがありません。負け組は、自分に直接勝った人に対してだけでなく、うまく行っているすべての人を不幸にしたいと思うものです。

ある人は「成功したいなら、次の三つのうちの一つをあきらめなさい」と言っています。金、地位、健康です。三つそろっていると妬まれるというのです。金があり、地位があっても病気がちだという人に他人はあまり嫉妬しません。学者のように地位があってもお金がなければほめてもらえます。ところが、学者で社会的に有名で、しかも特許で大金を儲けたなどということになると、何かの時に批判の対象にされます。

しかし、金、地位、健康はもちろん、人が大事だと思うものをほとんど持っていても、他人にそれを知られなければ無用な嫉妬はされません。そのためには、自分や家族の幸福を吹聴しないことです。

自分の孫がよい大学に入ったとか、よい家の嫁をもらったなどということを自慢する人がいますが、危険きわまりないことです。嫉妬してくださいと言っているようなものです。これが「うまいものはそっと食え」の意味するところです。

うまいものを「うまい、うまい」と食べていると、皆が「おいしそうですね」と近寄ってきます。こちらは、いっそうおいしく感じられますが、集まってきた人はそれを分けてほしがるし、場合によっては奪おうとさえするのです。

この世は人の嫉妬を駆り立ててはひどい目にあうと言いました。嫉妬は敵意の種です。多くの人は大人の態度で知らん顔をしていますが、こいつめ、いつの日にかやっつけてやるなどと思って機会をうかがっているのです。ですから、相手に敵意を持たせない、異常な嫉妬を持たせないことこそうまく生きるこつと言えるのです。

荘子《そうし》は「直木《ちょくぼく》は先ず伐《ま》《き》られ、甘井《かんせい》は先ず竭《つ》く」、つまり、まっすぐな木は先に伐られ、味のよい井戸は汲《く》み尽くされると言っています。目立っては危険だということの格言は現代の私たちにも当てはまるのです。

●疑っている相手には弁解しないほうがいい

沈黙は愚者の智慧《ちえ》

林髞（大脳生理学者　推理小説家　昭和四十四年没）

これは本来はフランスの格言のようです。

私がこの言葉を聞いたのは故　林髞《はやしたかし》先生からです。林先生のことは先ほども「人間は欠点も美点も含めてつきあえ」というところでご紹介しましたが、筆名を木々《きぎ》高太郎《たかたろう》といい、推理小説家としても有名です（それまで「探偵小説」といっていたところを、林先生が「推理小説」という語をお創りになって広めたという説を聞いたことがあります）。直木賞も受賞し、のちにその選考委員も務めました。大脳生理学者としては、パブロフの条件反射という有名な理論を日本に持ち込まれたこと、中枢神経系の興奮性の伝達物質がグルタミン酸であると非常に早い時期に発表されたことなどの功績があります。

私と林先生との〝出会い〟は中学一年の時のことです。私の姉が静岡薬専（現在の静岡県立大学薬学部）で学んでいたのですが、ある日、彼女が教科書を持ち帰りました。それが林先生の『生理学概説』だったのです。その時に姉が「この人は偉いのよ。医学者で小説家なの」と言ったのです。当時、文学少年だった私は強烈な印象を受けました。そうだ、医学をやっていても文学を続けることができるのだと思ったのです。

もちろん、この時には、のちに慶大の大学院で生理学を学ぶ時に、林教授の指導を受けることになるとは夢にも思いませんでした。林先生は私の結婚の仲人まで引き受けてくださいました。

林先生は日大の歯学部の教授もしておられましたから、多くの医師、歯科医師が林先生から指導を受けました。そのお礼というのでしょうか、毎年、林先生への謝恩会が七月頃にあったのです。これは長雨の会という名称でした。いつも雨が降っていたからこのように名づけられたと聞きました。

先生からは折々に人生の心得をうかがいましたが、この話は長雨の会の会場へ先生をご案内すべく、タクシーでお供した時に聞いた話です。

当時、大きな汚職事件があり、ある政治家が賄賂《わいろ》を受け取ったかどうかということで、マスコミが連日付きまとって取材していました。政治家はいろいろ答えましたが「新聞に書かれる時には言ってもいないことを書かれ、言ったことはちっとも書かれていない」と怒っていました。

　この話題が出た時、先生はおっしゃったのです。

「人は好意を持っていない人の意見は聞かないものだ。そういう相手には何を言ってもだめだよ。フランスの格言に『沈黙は愚者の智慧《ちえ》』*というのがある。よく『沈黙は金、雄弁は銀』などといわれるが、それよりもこの言葉のほうがもっと真実を穿《うが》っているよ。何か言うからますます誤解されるんだ。弁解をきちんと聞いてもらえない場合には口を開かないというのが、そういう立場の人に与えられた唯一の対処法、智慧だよ」

「愚者の～」とは謙遜であって、とにかく黙っていなさい、いくら言っても無駄ですよ、誰でも黙っていることはできるのだから、これがすべての人に与えられている最高の智慧だというのです。これは禅の教えに通じます。

　よく政治家や経営者が問題を起こして社会から非難され、検察の手が伸びようとしている時にテレビでキャスターの質問に答えたりします。「この機会に言いたいことを言いなさい。それで国民の理解を求めなさい」などと言われて出演するのでしょうが、その効果はほとんどありません。その後の番組で、その時の言葉がテレビ側の都合のいいように取り上げられ、ますます批判されるのが落ちです。

智慧：一般的な「知恵」に対して、仏の知恵、仏教が私たちに教えてくれる知恵を「智慧」とする。

韓非子《かんぴし》の言葉に「事は密なるを以《も》って成《な》り、語は泄《も》るるを以って敗《やぶ》る」とあります。これは本来、君主に対する心得として韓非子が述べているのです。つまり、君主の秘密を知ってしまった時に、うっかりそれを口にすると、あいつ、知っているのかと疑われて身を危うくするという教えです。

「語は泄るるを以って敗る」という言葉は「沈黙は愚者の智慧」に通じます。言えばかえって事態を悪くするのです。相手が疑っている時に説明しても疑いは晴れません。

林先生は科学者でありながら、マスコミに出たり小説を書いたりしたせいで、立派な業績がおありであるにもかかわらず、学界からは冷ややかな評価を受けました。ご自分のお考えを説明しても、少しも理解が得られなかったのでしょう。そういうご経験から、この言葉を私に伝えたのだと思います。

●ちょっとした努力や配慮で人間関係は改善できる

認められたい人は反発する

中川宋淵老師（龍沢寺〈静岡〉住職　昭和五十九年没）

これは藤森弘禅《ふじもりこうぜん》老師が師の中川宋淵《なかがわそうえん》老師からお聞きになった言葉を私に話してくださったものです。

誰かが事あるごとに反発し、時に敵意を示す、そのような場合は、相手は意外にこちらを高く評価しているのだ、要するに自分を認めてもらいたいのだというのです。だから「あいつめ、あんな態度を取りやがって、おれのことをどう思っているのだ」などと怒って敵に回すのは意味がないし、逆効果だという言葉です。

これに関連して思い出すのは作家の塩田丸男さんの話です。彼のエッセイでも読みましたし、ラジオ番組でご一緒した時にもうかがいました。それは「報知新聞のアンチ巨人社員」という話です。

報知新聞は読売系のスポーツ紙で、読売が巨人軍を持っていることはご存じのとおりです。だから報知の社員は当然巨人ファンだと思いがちですが、そうでもないと塩田さんは言うのです。

報知新聞は巨人軍の御用新聞のように巨人のことを取り上げ、巨人をほめ、その選手の一挙手一投足を好意的に報道します。当然、そのような取材をし、記事を書く記者は巨人が好きでたまらないに違いないと思うのが普通です。

ところが塩田さんによると、読売から報知へ回される人は窓際族で、出世街道から外れた人が多いとのことです（これは読売新聞にいて報知へ「飛ばされた」という塩田さんの見方です。それに当時の話です）。ですから、報知の社員がプライベートで話をする時には巨人のことをめちゃくちゃに言っていることがあるというのです。

ところが、このような人がたまたま読売の部長などとして呼び戻されると、急に巨人ファンになり、長嶋のサインをもらいたがったりしたそうです。つまり、本当は元々巨人が好きなのに、会社が自分を認めてくれないのでふてくされていたということなのです。認めてもらえれば、手のひらを返したように元の巨人ファンに戻り、読売新聞の部数が増えるように一生懸命になるのです。

同じようなことは医学の世界でもあります。ある有名大学の医学部の卒業生が言っていましたが、その大学の卒業生で地方の大学にいる人には、ものすごい「アンチ自校」が多いというのです。彼らは、本来自分はこんな地方の大学にいるべき人物ではない、おれの実力がわからないとはけしからん、だいたい東京にいる教授たちにはろくなやつがいない——そういう不満を持っているそうです。

このようなことは、多かれ少なかれ、どの会社にも大学にもあることでしょう。これは個人の関係でも見られることです。

若手が組織の上層部にものすごく反抗することがあります。上に立つ人はおもしろくありません。「なんだ、あの野郎、目上のおれに対して」などと反発して、溝は深くなります。

両者が上下関係にある場合には問題は解決しやすいでしょうが、共に教授であるとか部長であるような時にはもっと激しく反発を強め合い、ことごとに対立するようになってしまいます。

このような時に、ふっと我に返り、「あの男は自分に認めてもらいたいのではないかな。こちらも今までは、反発に対するに反発をもってしてきたが、これからはなるべく相手を認めてやるか」というように態度を変えると意外に功を奏する、というのが中川宋淵老師のお言葉の教えです。

『左伝』には「禍福《かふく》は門なし、ただ人の招く所」という言葉があります。幸福になるのも不幸になるのも、ある特別な門があって、そこを出入りすると幸福になったり不幸になったりするのではない、すべては当人が招くことなのだ、という意味です。あなたのちょっとした努力や配慮で事態は改善されるのです。

相手に反発を感じてばかりいる人も「自分はじつは相手に評価されたいのかもしれない」と考え、自分の心を覗いてみてください。あなたが不幸にして十分な評価を得ていない場合、だからといって相手や上司に反抗的な態度を取り続ければ、ますます評価が下がり、遠ざけられます。不遇な扱いに不満を持ち、相手の悪口を言って回るようでは、誰も引き立ててくれません。

すでに成功している人でも、他人から異常な反発を受けているような場合は、相手への考えや接し方を変えたらどうですか？

また、相手のちょっとした反発を真に受けて、すぐに売り言葉に買い言葉のような態度をとると、どこかで失敗しますよ。

好きな人には反発するということもあります。いずれも関心を引き、評価されたいという切なる思いが底にあるのです。こうした心理を理解して、相手の態度を誤って受け取らないようにしていただきたいと思います。

●怒りはすべてを台無しにする

道　踏めども瞋《い》からず

昔から「ならぬ堪忍《かんにん》、するが堪忍」などといい、「どうしても我慢できない、堪忍袋の尾が切れた」という時に、それを我慢するのが本当の堪忍だ、けっして怒ってはいけないと厳しくたしなめる教えは数多くあります。

カッとなって怒りの言葉を発し、それで人生を棒に振ったという人は数知れません。寒山詩*には、

瞋《しん》は是《こ》れ心中の火　能《よ》く功徳《くどく》の林を焼く
菩薩《ぼさつ》*の道を行《ぎょう》ぜんと欲せば　忍辱《にんにく》して真心《しんじん》を護《ご》せよ

と詠《うた》われています。

怒りは今まで積んできたすべての徳を焼き尽くす。菩薩として精進を続けようとするなら、耐え忍んで本来の心を維持せよ——というのです。

禅でも怒りを抑えることの大切さをいろいろな祖師方が説いています。たとえば

寒山詩：寒山（37ページ参照）らの詩

菩薩：仏になろうと修行する者。または、仏としての悟りを得たが、人々を救うために仏にならうとしない者。釈尊の前身を菩薩とする場合もある。さまざまな菩薩がいるが、まだ仏になっていないため親近感を持たれ、民間信仰の対象となりやすい。在家でも菩薩とされることがある。

掲げた「道、踏めども瞋《い》からず」という言葉、つまり、いろいろな人が道を歩き、土足で踏んでいるが、道は少しも怒らないという言葉などは禅僧が好んで書に書くものです。

怒りを抑えるにはどうしたらよいか、さまざまな教えがあるでしょうが、禅では、意志の力でこれを抑えることは無理だ、やればやるほど怒りに燃えてしまう、むしろ平生から怒りが起こらないようにするのがよいとされます。

私たちが誰かに怒る場合、その人に会い、その人の言葉を聞いて瞬時に怒りが爆発するということはまずありません。忠臣蔵の浅野《あさの》内匠頭《たくみのかみ》などよい例です。吉良上《きらこう》野介《ずけのすけ》にいろいろなことで侮辱されたと考え、怒りが爆発寸前になっていたところで、江戸城・松の廊下で出会って刃傷《にんじょう》に及び、すべてを失ったのです。

私たち自身のことを考えても、日ごろ嫌な奴のことを思い浮かべ、不愉快な思いをした記憶を掘り起こし、「こんなことはとても許せるものではない、機会があったらやっつけてやろう」などと考えているところに機会が訪れ、怒りが爆発するというのが普通です。

そこで日頃からそのようなことを思い出さない訓練をするのです。

観音経《かんのんぎょう》には私たちの心について、「真《しん》観《かん》清浄《しょうじょう》観《かん》　広大智慧観《こうだいちえかん》　悲《ひ》観《かん》及《ぎゅう》慈《じ》観《かん》

常願常瞻仰《じょうがんじょうせんごう》　無垢《むく》清浄光《しょうじょうこう》　慧日破諸闇《えにちはしょあん》」と書かれています。真実で清らかな心、広大な智慧を持つ心、慈悲に満ちた心、これを常に心に留め、仰ぎ奉れば、その清らかな光がちょうど太陽の光が闇を破るように、観音様（観世音菩薩）がもろもろの苦を破ってくださる、と述べているのです。つまり私たちは、本来、怒りのような心の闇を吹き払う本当の心を持っている、この心を使えばよいのだというのです。

また、釈尊は、私たちの心は無限の力を持っているので、これを自覚するとその無限の力を自由に使うことができるとも言っておられます。これを道元禅師は前にも述べたように「宝蔵自開《ほうぞうじかい》」、つまり、宝の蔵が自然に開いて、それを自由に使うことができる、と言っておられます。宝蔵とは無限の力ということで、当然怒りを抑える力も入っているのです（169ページ参照）。

私たちを苦しめる闇に目を向け、これをなくそうと思っても無理です。まずこの闇は実際には存在せず、私たちの心が煩悩や妄想の雲によっておおわれているために暗く見えるだけであることを自覚することです。そして修行によってこの闇を消すことができる、私たちの心はそれほど偉大なものだと信じることです。このように自覚し信じることは難しいことかもしれません。このために「私たちは神の子だ」と自分に呼びかけさせる宗教もあります。「祈れば心に宿る神仏はかならず願いをかなえてくださる」と言っている宗教家もおられます。大事なことは、神、仏の力が私たちの外にあるのではなく、私たちの心そのものが、神、仏の心と同じだということなのです。この心の光を輝かすように工夫すれば、苦しみや悩み、心配ごと、怒り、恨み、嫉妬などの闇はかならず消え、朝日の当たった露のように消滅するということです。

釈尊は次のようなたとえ話をされています。

ある修行者が、洞窟が暗いので、これをきれいにしようとして一生懸命に掃除をしていました。しかし、暗闇は消えません。ところが、ろうそくを持って入ると、嘘のように闇は消えてしまったというのです。闇そのものに目を向けても闇は消えません。それよりも、このような闇はそもそも存在しない、私たちの心は本来清らかなものだという自覚を持てば、闇はなくなるのです。

「怒り」が妄想の一つであることは言うまでもありません。仮に怒りが起こっても、私たちはけっしてこれに動かされることのないようにし、そもそも、これが起こらないように精進することが大事なのです。

第4章

競争社会をどう生きるか？

●ばかにされても相手にするな
無視されているうちに力をつけよ

荒金天倫老師（臨済宗・方広寺派〈静岡〉管長　元新聞記者　平成二年没）

「まえがきに代えて」にも述べたように、アメリカから帰ってきた頃には、何をやってもうまくゆかず、自信を失った時期が長く続きました。当然、多くの人たちは私の態度、行動を見て、私にはもう将来はないと思ったようでした。実際、私が何を言っても真剣に相手にする人は少なく、まるでばかにされていると感じていました。

『「病は気から」の科学』という本が当たって社会的にも評価され、自分に自信が出てくると、帰国当時のいろいろな人の態度や振る舞いに腹が立つようになりました。思い出しても「なんで、あいつはあんな態度をとったのだ」と怒りがこみ上げてきました（今にして思えば、まさに「思い出すからいけない」のですが、当時はそういう心のゆとりがありませんでした）。

こうした思いを荒金天倫《あらがねてんりん》老師に話した時のことです。老師はこうおっしゃいました。
「人にばかにされて怒ってはいけませんよ。その時は周囲の人があなたに油断しているのです。そういう時にあなたが何かうまいことをやっても、誰も嫉妬をせず、足を引っ張ろうともしません。だから、無視されている時こそこっそり力をつけるチャンスなのです。周囲の人があなたのことに関心を持つようになると、ほんのちょっとの成功でも妬まれ、邪魔しようとする人が出てきます。その時に負けないように力をつけておくのですよ」

実際、人間の嫉妬は恐ろしいものです。昔から上司や同僚の嫉妬を防ぐには、才能をひけらかすなという多くの心得が示されています。

小倉鉄樹《おぐらてつじゅ》さんは、山岡鉄舟《やまおかてっしゅう》（禅を究めた幕末～明治の政治家）の弟子で、鉄舟について数々の逸話を残された方です。その小倉さんも「光を包め」というテーマで「才気のあるやつは、とかく早く売り出したがるが、けっして早く売り出しちゃならんぞ。それでも実力がつけば、人がほっておきはせん。こうしてやむを得ず、ひとりでに出る光でなくてはいかん」と言っておられます。さらに「人物が出来さえすれば、いくら隠れていてもひとが捨てておかぬよ。南洲翁《なんしゅうおう》（西郷隆盛）だって、部下が押し立てて首領にして、西南戦争を起こしたので、けっして自ら求めてそうしたのではない」と言っています（『鎌倉夜話』石津寛＝編著〈東京書店〉より）。

老子もまた、この世の中で無事に生きてゆくには三宝が大事だと述べています。三つの宝とは、一に「慈悲」、二に「倹(控えめ)」、三に「あえて天下の先《せん》たらず」です。そして「人を慈《いつく》しむからこそ勇気が湧いてくる。物事を控えめにするからこそ行き詰まらない。人の先頭に立たないからこそ、逆に指導者としてかつがれる。慈しむことを忘れ、勇気だけを誇示し、控えめな態度を捨てて、われ先にと駆け出し、退くことを知らずに先頭に立つことだけを考えたらどうなる。破滅あるのみだ」と言っているのです。

実際、人間というものは、相手に力があると思うと、批判したり反論したりしたがるものです。あなたには力があると思われれば、批判されることが増え、ものごとがうまく運ばなくなるでしょう。

「人の価値はライバルの大きさにより測られる」というアメリカの格言がありま す。力のある人が懸命に戦いを挑んでくるというのは、こちらにも相当実力があるということなのです。実力のない人が実力のある人にライバル視されるなどということはありえません。

こちらに力がついてくるほど、より大きな力を持った人が攻撃してきます。次第に相手の力が強くなるので、何かをするのに困難が増します。ところが、相手がこちらを無視して、歯牙《しが》にもかけないでいてくれる時、つまり警戒されないうちなら何でもできます。まさに力を蓄えるチャンスです。

私の先輩も言っていました。「あいつは政治力があると思われたら、もうおしまいだ。何をしても警戒される。まるで相手にされず、政治力があるとも思われない間が一番力が発揮できるんだ」と。

相手が無視している間に力をつけ、相手が気づいた時にはもう叩くことができないほどの人物になっていることです。

ばかにされたら「しめしめ、こいつはこちらの力を何も知らないな」と思うくらいのゆとりが欲しいものです。些細《ささい》なことでばかにされたと怒り、相手といらざる軋轢《あつれき》を引き起こすなどということは、最も愚かなことと言えます。

●才能は秘めろ。出遅れても焦るな。

韜《とう》晦《かい》して圭《けい》角《かく》を露《あら》わすなかれ

『宋名臣言行録《そうめいしんげんこうろく》』(中国・宋時代の名臣たちの言行を集録した書)

私たちの研究室にいた十歳ばかり年上の先輩が、中学校の時に建長寺《けんちょうじ》(鎌倉)の菅原時保《すがわらじほう》老師(昭和三十一年没)の講演を聞いたことがあると話してくれたことがあります。先輩は昔の都立一中、今の日比谷高校の出身でした。当時の一中といえば、その後、一高、東大と進むコースの学校として有名で、秀才中の秀才が集うことで知られていました。

菅原老師は最初、円覚寺《えんがくじ》(鎌倉)で修行をしていましたが、のちに建仁寺《けんにんじ》(京都)の竹田黙雷《たけだもくらい》老師の法を継ぎ、その後、臨済宗建長寺派の管長になられました。洒脱《しゃだつ》な話をすることで有名で、書も得意としました。

菅原老師は、私の先輩ら一中の学生に「早くから目につく人間は出世しない」と言われたそうです。まさに早熟の天才である芥川龍之介や谷崎潤一郎などを輩出した学校の生徒にこういうことを言ったということに意味があると思いました。

これに関連して思い出すのが掲げた言葉です。

宋代に杜衍《とえん》という宰相がいました。門下生の一人がある県の知事になると聞いて、なるべく目立たぬように振る舞うのがよいと忠告したのです。その門下生は納得できませんでした。そこで「なぜでしょうか」と尋ねたのです。すると杜衍は「お前は県知事になったばかりだ。今後の昇進は上司がお前をどう思うかによる。もしここでお前が才能をひけらかせば、上司に嫌われるだけでなく、周囲にも好かれない。だから、なるべく控えめに振る舞うのがよいのだ」と言ったというのです。「韜晦《とうかい》」は自分の才能を隠すこと、「圭角《けいかく》」は宝石のとがった角《かど》です。

医学部など狭い社会で競争しているような場合、必ずしも能力のある人が成功し、一流大学の教授になったりできるわけではありません。T大学の先生が「誰しも認める秀才はしばしば出世しない。それは若い時に勉強会などで先輩に食ってかかったり、新しく着いた外国の雑誌にこんなことが書いてあるのに、それも読んでいないのですか、などと批判したりするからだ。やられたほうは、あの野郎、ということになる。その結果、彼がどこかに職を得ようとする時に邪魔をして、結局、田舎の大学の教授くらいで一生を終わってしまう」と言っていました。

ところで、中国の格言は、表の意味とは別にもっと深い意味を持っているのが常です。「韜晦して圭角を露わすなかれ」という言葉も、じつは弱者を激励する意図を持っているのです。

能力のある人が才能をひけらかさないということはなかなかできないことなのです。とくに異例の抜擢《ばってき》をされたような場合には、思い上がったり、「若造だとばかにされてはいけない、最初に自分の能力があるところを示しておこう。先手必勝だ」などと考えがちなものです。そしてその結果、先にも書いたように失敗します。

だから、韜晦を教えるこの言葉は、「周囲に異例の出世をした人がいても、がっかりしたり、自分はもうだめだと落ち込んで努力を怠ったりしてはいけない。先頭を切って進む人はしばしば傲慢になったり、人の嫉妬を買ったりして失脚することが多いのだから」という、出遅れた人への激励の言葉だとも取れるのです。

現在のような競争社会では、早く芽を出し、自分の優秀さを周囲の人に知ってもらったほうがよいと思うのは当然です。だから、抜擢されなかった人は自分の将来に不安を抱き、時に絶望的になったりします。しかし、そんな必要はないよというのがこの言葉のもう一つの教えです。

●異例の抜擢には〝引き〟があるのだから動揺するな

千金《せんきん》の子は市《いち》に死せず

『史記』（中国・前漢の司馬遷《しばせん》が著した史書）

恩師の林譲《はやしたかし》先生（108ページ）から、ある時にこう言われました。

「君たちは、同級生とか後輩が急によい地位についたということで驚くことがあるだろう。しかし、そのような人にはたいてい大きな後ろ盾がいるものだ。このような人をうらやむのは人間としてしかたがない。しかし、その人が自分よりはるかに能力があり、それに比べて自分はだめだなどと思う必要はない」

その後、「千金の子は市に死せず」という言葉が『史記』にあることを知りました。

千金、つまり裕福な人、有名な人の子どもは死刑にはならない、ということを述べたものです。「市」は人が多く集まる場所のことで、中国では昔はそういう場所で公開処刑が行われていました。

裕福な人の子どもが死刑にならないのは当たり前ではないかと思う方も多いことでしょう。お金持ちは子どもが罪を犯しても、後ろから役人などに手を回して死刑にならないようにすることができると解釈されると思います。

もちろん、そのような意味もあるでしょう。しかし、この格言を別な読み方をすると非常におもしろいのです。「誰かが非常な幸運を得たような場合、その裏には著名人の縁戚などがいると思え」と読めるのです。

おそらく多くの人は人生を送る過程で、この世はいかに矛盾に満ちているか、不公平であるかを痛感するでしょう。さらに多くの人にとって衝撃的なのは、「偉い人の親は偉い人だ」という事実です。

首相や首相候補が有力政治家の子であることが多いということは知られています。普通の政治家でも政治家の子どもが多いのが実情でしょう。政治家には地盤というものが大切で、それが相続されるのだから当たり前なのでしょう。実際、政治家が死ぬと後援会は困ります。なんとか跡継ぎを立て、後援会組織を維持し、その政治家の影響力で国から予算を得たりしようと考えます。そこで後継者として、息子、娘、娘婿などに白羽の矢が立つのです。これが繰り返されるから、政治家の子どもでないと政治家になれないような仕組みになるのです。

これは経済界でも同じではないでしょうか。実際、大手企業のトップは創立者の身内であるという場合が多くあります。時にその一族と関係ない人が社長になっても、よく聞くとその一族の孫がすでに取締役になっていて、将来社長になることが事実上決まっていたりします。たしかに明治維新や終戦直後のように、それまでの社会の仕組みが完全に壊れてしまった時には、何等の縁故のない人でも政界、財界のトップに立てます。ところが、その後そのような人の子ども、孫などに家督が譲られ、結局、新しい一族ができるのです。

歴史を見ても、豊臣秀吉がいかに跡継ぎを欲しがったかを見れば、トップに立つ者の気持ちはわかるでしょう。どうせ自分は死んでゆくのだから誰が跡取りになってもよいなどとは考えないのです。自分が築き上げたものをどうしても自分の子孫に譲りたい、それが後世まで代々続くことを望む——それが人間というものなのでしょう。

私の知り合いの女性は、大学の教授を定年で退官するとすぐに名門の女子大の短期大学部の学長になりました。彼女はよい人ですが、別に学問ですばらしい業績を上げたわけでもないし、元の大学で学長、学部長をやったわけでもないのです。聞いてみると、彼女のご主人は有名大学の教授で、その父上も教授、さらにその教え子が当の女子大の学長だったのです。

こうしたことはコネだからいけないとか、正すべきだなどと言っているのではないのです。このように幸運に恵まれる人にはかならず後を押す人がいる、だから、自分が地位が得られないのは能力不足だからだ、などと絶望する必要はないというのが「千金の子は市に死せず」という言葉の裏の意味です。

世間の目は節穴ばかりではありません。見ている人は見ているのです。ですから、不自然な抜擢などを見聞きしても、くさらず、恨まず、人生を呪わずに努力を続けることが大事なのです。林先生はそれを伝えたかったのです。先生自身が、かならずしもよい家系とは言えない家の生まれだったので、このようなことが目につきやすく、そのたびに、矛盾は矛盾として、自分はひたすら努力してゆくしかないと悟られたのだと思います。あきらめないということが大事なのです。あるいは、自分のような者には未来はないだろうなどと自己否定をしないことが大事なのです。

長く人生を送ってきて私が思うのは、一生懸命に努力すれば報いられることが多いということです。人によっては「後ろ盾のない人などだめだ」などと聞こえよがしに言って、こちらに嫌な思いをさせようとすることもありますが、そのような悪口、陰口に乗らないで、日々の仕事に邁進《まいしん》せよ、とこの格言は教えているのです。

●力でねじ伏せようとしても何も解決しない

力をもって争うべけんや

六祖慧能（中国禅宗の基礎を築いた禅僧）

最近の国内、国際情勢を見ると、争いに次ぐ争いで、平和の願いはどうなってしまったのかと思わせます。とくに二〇〇一年九月十一日のニューヨークへのテロ以後、アメリカは力で自国の安全を確保しようとし、アフガニスタンに侵攻、さらにイラクにも攻撃を仕掛けました。のちの調査によると、イラクにはアメリカが攻撃の口実とした大量破壊兵器はなく、さらに大統領のフセインはアフガニスタンのタリバンとはよい関係ではなく、テロに加担した証拠もないということがわかりました。

しかし、始めた戦争はやめられません。その結果、多くの戦死者を出しているのですが、イラクにもアフガニスタンにも平和は訪れず、アメリカの目指した民主主義国家の樹立など遠い夢になっています。

アメリカのこの姿勢の影響で、力で反対勢力を押さえつけようという風潮が世界を支配しています。イスラエルとパレスチナ、あるいはレバノンのヒズボラとの戦いなどを見ると、報復に報復をもって応えるという殺し合いの連鎖です。理屈のわからない相手は力で屈服させるしかないという欧米の論理は相手にも力の論理を正当化させています。このような世界では「力をもって争う者は力により滅ぶ」という仏教の言葉は非常に重みを持つものと思われます。

さて、掲げた言葉「力をもって争うべけんや」は、禅を中国に根づかせた六祖慧《え》能《のう》が、若き日、中国の禅の歴史上重大なある場面で言った言葉です。

広東省に生まれた慧能は、母一人、子一人で薪《たきぎ》を売ってつましく生活をしていました。ある時、金剛経の読誦《どくじゅ》を聞いて感銘を受け、僧にその意味を尋ねたのですが、「弘忍禅師《こうにんぜんじ》に訊け」と言われ、湖北省の弘忍を訪ねます。弘忍は、インドから中国へ禅をもたらしたとされる達磨大師《だるまだいし》を初祖として第五代目に当たる高僧です。

ある日、弘忍《ぐにん》は跡継ぎを決めるために、数百人の弟子に向かい、我と思うものは悟りの心境を示す詩（偈《げ》といいます）を書けと言いました。

後継者と目されていた神秀《じんしゅう》が詩を書いて張り出しました。

身《み》は是《こ》れ菩提《ぼだい》の樹《じゅ》

本来無一物：悟りとか煩悩とかにとらわれてはいけない、極端に言えば「一物もない」という考え方にさえとらわれてはいけないとする禅の思想。

心《しん》は明鏡《めいきょう》の台《だい》の如《ごと》し
時々《ときどき》に勤《つと》めて払拭《ふっしき》《ほっしき》せよ
塵埃《じんあい》を惹《ひ》かしむること莫《なか》れ

神秀の詩の内容は「私たちの体は悟り（＝菩提）を宿す木であり、心はけがれない鏡のようなものである。煩悩という塵《ちり》が付くと曇るから、修行によって常に拭いてやらねばならない」という立派なものです。誰もがこれで第六祖は決まったと思いました。

ところが神秀の詩を見て、寺で米搗《つ》きのような下働きをさせられていた慧能も詩を作りました。

菩提《ぼだい》本樹《もとじゅ》なし
明鏡《めいきょう》また台にあらず
本来無一物《ほんらいむいちもつ》＊
何《いず》れの処《ところ》にか塵埃《じんあい》を惹《ひ》かん

慧能の詩は「悟りの境地には、もともとそれが宿る木も、それを写す鏡もない。だから塵《ちり》などどこにも付くことはない」というものです。

これを見て弘忍は感心し、寺の中で誰も注意を払っていなかった慧能に法を伝え六祖慧能は、達磨大師から数えて第六代目に当たる。六祖というだけで慧能を指し、この事件後、南方へ逃れて南宗の祖ともなった。ちなみに本文中の神秀は北宗の祖となる。

衣鉢：釈尊から伝わるという袈裟（けさ）と鉄鉢。「衣鉢（いはつ）を継ぐ」という言葉の語源。

ることにしました。* そして、ここにいると、法統を継げなかった高弟たちから危害を加えられるからと慧能を逃がしたのです。

案の定、大勢の僧が追いかけました。中で足の速い明《みょう》という僧が慧能に追いつき、弘忍が与えた衣鉢《えはつ》*（法を伝えた証拠）を取り戻そうとしました。

慧能は追いつかれると衣鉢を地面において、「持っていきたければ持っていくがよい。尊いものは法であり衣鉢ではない」と言い、「力をもって争うべけんや」（力をもって争うべきだろうか）」と言いました。

明が衣鉢を持ち去ろうとすると重くて持ち上がりません。そこでハッと気がつき、「追ってきたるは衣鉢のためならず、法を求むるためならん」と慧能に教えを乞いました。

慧能は「善も悪も思わないでいる時、そなたの心はいずこにありや」と訊きました。これを聞いて明は言下に悟り、涙を流して慧能を礼拝したのです。明は「今、お示しをいただき、人が水を飲んで、冷暖を自知するがごとし」と述べたのです。つまり悟りは自分で自覚する以外にない、ちょうど水を自分で飲まないと熱いのか冷たいのかわからないようなものだ、と言ったのです（この冷暖自知《れいだんじち》という言葉は、のちに悟りを表す常套語《じょうとうご》になりました）。

真実は力で押しつけるものでもなく、力で奪うものでもないという考えは、複雑な世界を知らない理想論だといわれるかもしれません。しかし、現実はそうです。力で押し切ろうとしても、一時的には成功したように見えるものの、結局は何も解決していないというのが実際の世界です。私たちの日常生活でも、力を振り回してもほとんどが解決しません。力では解決しない、何かほかの算段が必要だと思うことは、生き方を模索する上で重要です。私たちに地道な努力を工夫させるのです。力で争わない――これは生きる上での鉄則のように思われるのです。

ところで慧能の「本来の心には塵一つない、払拭するべき何もない」という言葉は、たしかに心の本質を衝《つ》いています。しかし、神秀の詩も相当なものです。まず心の塵埃を吹き払う努力を繰り返さないと、禅は理屈だけのものになってしまいます。心を清らかにする努力を積み重ねていれば、次第に本来の塵埃のない心に気がつくようになるというのは、禅の本当の悟りであり、お示しだと思われます。

二人のどちらが正しいというのではなく、慧能は心の本来の清らかさをより強調し、神秀は修行の大切さをより強調したのだと思われます。

●譲る美徳を忘れてはならない

須《すべから》く一歩を退《ひ》くの法を知るべし

『菜根譚』（中国・明時代の処世哲学書）

中国では昔から、争いの中でいかに身を処するかが最も大事な人生訓でした。このためにそうした心得を示す言葉が数限りなくあります。

『菜根譚《さいこんたん》』は明時代の処世哲学書で、儒・仏・道の三教の教えを三百数十条の警句風の短文にまとめた書ですが、やはりこうした言葉の宝庫です。

たとえば「世に処《しょ》するに一歩を退いて処《お》らざれば、いかにか安楽ならん」という言葉があります。つまり一歩退くことを知らなければ、世の中を安心して渡ってゆけないというのです。

また「人情は反復し　世路《せろ》は崎嶇《きく》たり　行き去られざる処は、須《すべから》く一歩を退《ひ》くの法を知るべし　行きえて去る処は　務《つと》めて三分《さんぶ》を譲るの功を加えよ」とも言っています。これが掲げた言葉です。

「崎嶇」は道が平坦ではなく険しいこと。つまり全体は「人の心は複雑で、世の中を生きていくのはむずかしい。もし二人並んで通れないところがあったら、一歩を譲って相手を先に行かせよ。また、たやすく通れるところでも、少しゆっくり歩いて相手にも功を持たせよ」という意味です。

競争の場でそんなに譲っていたら先手を取れない、ここぞと思う時に先手を取れなくて失敗した人は多い、などという意見があります。しかし、譲って失敗した人は、譲ったためでなく、他の理由で失敗しているのです。安倍首相は、お父さんであるかつての外務大臣、安倍晋太郎さんの無念を晴らして総理大臣になったと話題になりました。その安倍晋太郎さんが総理になれなかったのは、竹下登さんに譲ったせいだなどといわれますが、いずれはガンで亡くなったのです。生きていれば、また再起もあったはずなのです。

政治の世界は特別で、私たちの生き方の参考にならないかもしれませんが、がつがつと先へ先へと進むよりも、欲を抑えて、自分の本来なすべきことを続けていけば、自ずから道は拓けますし、あなたが人に一歩譲ろうとしても、日頃のあなたの精進を見ている周囲の人たちから、自然に前へ押し出されるということもあるものです。

●事件が起きてから対処するような人間は未熟者。さらに……

君子は争わず　争えばかならず勝つ

孔子（中国・春秋時代の思想家　儒教の祖）

高歩院《こうほいん》（東京）の住職で、剣道家でもあった大森曹玄《おおもりそうげん》老師は、「猫の妙術」という話を紹介なさっています。これは千葉県の関宿《せきやど》というところの奉行であった丹羽十郎右衛門という人の『田舎荘子《いなかそうじ》』という本の中に書かれている話です。

ある家に大きなねずみが住んでいました。どういうわけか、どの猫もこのねずみを捕まえることができません。

剣道の達人であるその家の主人が、木刀でそのねずみを追い出そうとしたのですが、やはり歯が立ちません。ある時、近くにねずみを捕る能力については抜群という猫がいると聞いて、その猫を借りに行きました。見てみると、うすぼんやりした猫で、まるで頼りないのです。しかし、せっかく借りてきたのだからということで、この猫を座敷に放り込むと、今まで大暴れしていた件《くだん》のねずみが、すくんで動かなくなったではありませんか。猫はこのねずみを引きくわえて、のこのこ出てきたのです。

そして、ここからがおもしろいのですが、この猫に他の猫が教えを乞うという場面になります。

ある猫は修業してねずみを捕まえる抜群の技術を身につけたが、あのねずみだけは捕れなかったと言い、ある猫は気合いを入れることを学び、奥義を得たが、あのねずみには通じなかったと言い、別の猫は和を保ち、相手を反抗的にさせないようにできるようになったが、あのねずみだけは例外だったと言ったのです。

師たる猫は「『気』は無心から出るものでなくてはいけない。作為から出ては力が発揮できない」とアドバイスしました。さらにこの猫は自分よりもっとすごい猫の話を披露しました。

「上には上があるものだ。自分の若い時に近くにいた猫は朝から晩までうとうとと居眠りをしていて、ねずみを捕ったのを見た者さえいなかった。ところが、この猫がいると、どんなねずみも近寄らず、この猫の周りにねずみが現れたことは一度もなかった」

『三国志』にも「智《ち》は禍《か》を免《まぬが》るるを貴《たっと》ぶ」とあります。事件が起きてから対処するような人間はまだまだで、事件が起こらないようにする、そのような智慧を持つことが大事だという言葉です。

ここまでは前置きです。たしかに私たちの理想はそのとおりですが、現実の社会生活ではさまざまな難問に直面します。そのような時に私は臨済宗天龍寺派の管長を務めた関精拙老師がよくおっしゃっていたという言葉を座右の言葉としています。それは孔子の「君子は争わず。争えばかならず勝つ」という言葉です。

精拙老師は天龍寺の内紛に巻き込まれ、一時は引退を決意したことさえあるそうです。しかし、精拙老師のほうが勝ち、その後ますます名声を上げたのです。

争いに巻き込まれないように全力を上げる、しかしどうしても争いを避けられない時には、かならず勝たなくてはならないのです。この孔子の言葉は非常に大事です。

ではどうして勝つか、それは日ごろから運の貯金をすることです。徳を積んでおくことです。そうすることにより思わぬ敗北の危機を避けることができるのです。

危機でもないのに、相手と争って相手を倒そうなどと思うことは、徳を損ない、将来の運勢に禍根《かこん》を残すことになります。

第5章

因果は変えられるか？

●前向きな言葉はあなたの運を変える

不幸をつぶやけば病気になり　感謝すれば治る

谷口雅春（「生長の家」の開祖　昭和六十年没）

私たちの言葉は私たちの人生にどのような影響を与えるのでしょうか。この話は私の苦しかった過去と、そこから逃れることができた経験と密接に関係することですし、なにより大切なことなので、前著『魂をゆさぶる禅の名言』でも書いたことですが、くわしく述べたいと思います。

仏教では、すべては因果《いんが》の法則に支配されるとします。「因《いん》（原因）」があれば、その結果として「果《か》」が起こるというのです。因に対して環境因子として働く「縁《えん》」によって結果は多少変わってゆくのですが、それでも結果を避けることはできないとされます。もし悪いことをしたなら、いつの日にかかならず報いを受けるというのです。

だから、運をよくする唯一の方法は、毎日の行動を慈悲に満ちたものにし、徳を積むことしかなく、これによって多少運を変える以外にないというのです。

しかし、私たち人間は、慈悲の心などなかなか持てないものです。よいことをしようと思っても、つい人を憎んだり、うらやんだりしてしまいます。するとますます悪い因を作ることになり、不幸という果が待ち受けるような人生になってしまうのです。また環境が悪いと、よいことをしようとすること自体ができなくなり、ますます無慈悲なこと、他人の心を傷つけることをしてしまいます。その結果、私たちの人生がどうなるかは火を見るより明らかです。

このように考えると、人生には不幸しか待っていないような気がして、何をしてもおもしろくなくなってしまいます。それどころか、生きていてもしかたがないように思えてしまいます。実際、「まえがきに代えて」に書いたとおり、アメリカから帰ってきた当時の私自身がそうでした。

そんな私を救ってくれたのが「積極思想」でした。いい言葉を口に出したり、よいことを思うと運が変わるというのです。

もし因果の法則が、因、縁、果によってだけ決まるなら、言葉や思いなどは意味を持たないはずです。当時指導を受けていた老師もそう言っていました。ところが積極思想では「よいことを思い、よい言葉を口にすればよいことが来る。悪いことを思い、悪い言葉を口にすれば悪いことが来る」と教えるのです。

私は、もはやこれ以外に自分が救われる道はないと思って、よい言葉をいつもつぶやき、再起を念じました。すると驚いたことに、次第に運が上向いてきたではありませんか。

当時の私が自分に語りかけたのは禅の言葉などではなく、「すべてはよくなる」というような自分で考えた言葉でした。こうした言葉がなぜ私の運を上向かせたのでしょうか？

禅ではよく、「過去の嫌なことは、思い出すから苦しいのであって、思い出さなければ苦はない」と言います。前著でもそのことを書きましたし、「嫌なことだけでなく、良いことも思い出そうとしてはいけない（嫌な過去も引き出してしまうから）」という言葉もご紹介しました。

私たちがなぜ過去を思い出そうとするかといえば、過去の出来事が自分の将来に悪い影響を与える、つまり自分の過去の失敗が人生のどこかで顔を出し、それが決定的な瞬間に自分を失敗させるのではないかと恐れるからです。このような時に「嫌なことを思い出さないようにしよう」「もし思い出してもすぐ忘れるようにしよう」という気持ちを持つと同時に、「すべてはよくなる」という言葉を口ずさむと、不思議なことに次第に不安な気持ちがなくなるのです。

一方、何か困ったことが起こるのではないか、将来うまく行かないのではないかと思い、不安な気持ちをつぶやくと、本当にその不幸を引き寄せてしまうのです。

「生長の家」の開祖、谷口雅春《たにぐちまさはる》氏の「不幸をつぶやけば病気になり、感謝すれば治る」という言葉は病気を例にしていますが、人生のすべての局面について有効なのです。

そもそも無慈悲な心をもって行動すると運が悪くなるというのは、心のもち方が運を変えるということを意味するのです。つまり何かをする時に感謝の心をもって行い、あるいはよい言葉を自分にかけながら明るい心で行動すれば、運がよくなるのです。

私は、原因と結果は、一対一というような単純な関係ではなく、そこに込められる思い、言葉によって一対百にも一対千にもなると考えています。つまり欲のない純粋な願いなら、それを強く念じ、口に出すことで悪い過去を清算でき、どのような因があろうと果を変えることができると思うのです。

谷口氏の言葉もそのことを示しています。「いつも明るい言葉をつぶやきなさい。それにより、あなたはいっそう徳を積むことができ、運を変えられます」とこの言葉は告げているのです。

●邪悪な願いはしっぺ返しをくらう

純な願いはかならずかなう

関精拙老師（臨済宗・天龍寺派〈京都〉管長　昭和二十年没）

因果の法則はけっして変えられないということを強調している公案があります。『無門関』第二則の「百丈野狐《ひゃくじょうやこ》」です。

百丈和尚が修行僧たちに説法をする時に、いつも隅のほうに坐って聞いている老人がいました。彼は説法が終わるとすぐにいなくなります。ある日、説法が終わってもそこに居残っているので百丈が「お前は誰だ」と問いました。すると老人は「じつは自分は人間ではありません。昔、釈尊の弟子の迦葉《かしょう》の時代に、この山の住職をしていたのです。ある時に修行者が『一生懸命に修行し、最高の悟りを得て大《だい》力量《りきりょう》を獲得したような人でさえ、やはり因果の法則にしばられるのでしょうか』と訊くから、『そういう人はしばられない』と答えたのです。この答えが間違っていたらしく、その後五百回も野狐《のぎつね》に生まれました。和尚さん、なんとか真実をお示しくださり、孤の身から脱けさせてください」と頼んだのです。

百丈が「ではもう一度質問をしてみよ」と言うと、老人は「悟りを開き、大力量を持っている人も因果の法則にしばられるか」と問うたのです。すると百丈はきっぱりと「しばられる」と答えました。その瞬間に老人は大悟《たいご》し、野狐の身を脱することができたのです。自分が間違っていたことを率直に認めることができたからでしょう。

これほどまでに因果の法則は絶対なのです。

しかし、山本玄峰老師は「人の心の力は恐ろしいものじゃ。理屈では不可能なこともできてしまうことがある」と言っています。そして、因果の法則は不滅だが、心の力は強いので、これが縁を与え、果の方向を変えることができるというのです。

それがどういう場合かというと「邪念のない純粋な気持ちで願った場合」です。玄峰老師は、「本当に国のため人のために自分の身を思わず、自分の一切の感情を打ち捨てて向かってゆけばできる。ただ、まごころあるのみじゃ」と言っておられます。

関精拙老師も「本当に純粋な気持ちで願えば、事はかならずかなう」と何度も言っておられます。

しかし、邪念をもって結果を変えようとした場合は、仮に結果を避けられたとしても、その後で本来の結果よりももっと悲惨な結果になり、このようなたくらみをした人間はかならず不幸になるのです。

このことは非常に大事です。因果の法則を一足す一が二になるというように単純に解釈してはなりません。運の借金をしている人が心を込めて借金を返すのと、恨み、憤懣《ふんまん》の心をもって対処するのとは結果が異なるのです。

これは実生活でお金を借りた場合でも同じでしょう。百万円借りた人が心から感謝する気持ちで返せば、相手は喜び、もっと貸してくれるかもしれないし、そのお金で始めた事業が成功し、一億円の利益になることもあるのです。一方「お金くらい返してやるよ。恩着せがましく言うな」などという思いでお金を返すとどのようになるかは想像に難くありません。

因果の法則は揺るぎませんが、心のもち方は結果を変えることができるのです。この心のもち方を含めて因果の法則が宇宙の出来事を決めてゆくのです。がんじがらめの足し算、引き算ではないのです。

●困難は悪魔の嫉妬の結果である

禍《わざわい》は福のよるところ　福は禍の伏《ふ》すところなり

老子（中国・春秋時代末期の思想家）

私たちは不幸にあうとがっかりし、自分にはもうよいことは起こらないのではないだろうかなどと思ってしまいます。一方、よいことがあるとうれしくなり、つい自慢したり、不幸な人を見下したりしがちです。それでよいのでしょうか？　スポーツの言葉で言えば「ピンチの後にチャンスあり、チャンスの後にピンチあり」ということを仏教の場合でお話ししましょう。

仏教では、私たちのすべての感情、言葉、行動などは、すべて業《ごう》という貯金通帳や貸借対照表のようなものに記録されているとします。そして、そうした記録は宇宙に保管されています。ここでは貯金通帳という表現にしましょう。もし私たちの思うこと、口にすること、行うことが慈悲に基づいていれば、その結果は善業《ぜんごう》としてプラスの貯金として蓄えられ、その貯金通帳に書き込まれます。善業を蓄えた人はよい運勢を持ちます。一方、思い、言葉、行いが無慈悲な心に基づいていれば、その結果は悪業《あくごう》として貯金通帳にマイナスで記録され、運は悪くなるのです。これを「善因善果《ぜんいんぜんが》、悪因悪果《あくいんあくが》」と言います。

このような一人一人の業が、いろいろな人の業と複雑にからみあって運は決まってゆくのですが、前項で申し上げたように因果の法則はかならず貫徹されるのです。ですから、いくらいろいろな人の業が複雑にからみあっていようと、そこには無意志の意志とでもいう力が働いていて、全体の業の果《か》(結果)が間違いなく生起するようになっています。この複雑さは人間の知恵をはるかに超えたものなので、時に超自然的な神の意志などと思われたりしますが、そのような意図的な意志などではなく、ただ因、縁、果のサイクルが、偏りなく、不公平でもないように回っているのです。

ところが現実の社会を見ると、悪いことをしている人が幸せに暮らしているように思えることがあります。これらを見て、悪いことをしても悪い結果にならないではないかなどと思ってはいけません。始めはかならずしも悪い結果は見られないかもしれませんが、時期が来ればかならず悪運に見舞われるのです。ですから「小悪といえども軽《かろ》んずるなかれ」という言葉があるのです。一方、よいことをしてもよい結果が来ないように見えることもありますが、時期が来れば、かならずよい運が回ってくるのです。世界には自分一人が生きているわけではありません。先ほども書いたとおり、多くの人の多くの業が限りない複雑性をもってからみあっているので、あることをしたからといって、すぐにその結果が現れるようにはなっていないだけです。かならず結果は現れるのです。

ところで、ある人が亡くなると、その貯金通帳はどうなるのでしょうか？　その人の子どもに引き継がれれば自然に思えますが、じつはそうではないのです。業は持ち主が亡くなった後しばらくは宇宙に漂っていて、新たにこの世に生まれる、前の業の持ち主にそっくりな命を見つけ、その命のものになるのです。

こういうわけですから、私たちは自分の前世が誰であったかわかりません。その人が何をしたのか知りません。あなたの知らないところで、とんでもない悪業を重ねていた可能性もあるのです。そして、前世《ぜんせ》、前々世《ぜんぜんせ》の言動の果が現世で突然現れることがあるのです。もちろん過去世《かこぜ》の善業で、今のあなたが助けられているという逆の場合もあります。ですから、「親孝行な子どもだ」などというものは、親が過去世においてい世話をした人が姿を変えて恩返しに来たのだ」などともいわれるのです。

さて、私の知り合いの話です。その人は禅の布教をしていて、托鉢《たくはつ》する家に自分の書いたものを無料で配って歩いていました。ある夜、彼のやり方に反対する宗教の信者が暗闇で彼を襲い、怪我をさせました。すると彼は「これで借金を返した」と言いました。つまり、その暴漢には前世で業の借金があったのだ、この仕打ちを受けることで向こうに借金を返したのだと思ったというのです。

このように考えると、達磨大師《だるまだいし》の言葉は本当だと思われます。大師は「何かよいことが起きるのは、いままでの善業の貯金を（前世や前々世などの過去世も含めて）引き出して使ったようなものだ。すぐにまた善業を積み、貯金が減らないようにしなくてはならない。逆に何か悪いことが起こったら、悪業の借金を返したようなものだ。苦しいがこれで運が開けると思えばよい」と説かれたのです。

先ほど、前世、前々世の言動の果が現世で現れることがあると書きましたが、多くの場合にはそれほど時間の経過を必要とせず、若い時になしたことの結果が晩年に現れるともいわれます。臨済宗円覚寺《えんがくじ》派管長だった古川《ふるかわ》堯道《ぎょうどう》老師の「若い時に不陰徳（＝無慈悲）なことをした人の晩年はかならず悪い」という言葉はまさにそのことを示しています。

この項で掲げた老子の「禍《わざわい》は福のよるところ、福は禍の伏《ふ》すところなり」という言葉は、この因果の法則を表したものです。悪いことがあれば将来何かよいことが起こる可能性があるのだからがっかりする必要はないし、よいことが起こった時には将来悪いことが起こる可能性があるから注意せよという教えです。

私は何かよくないこと、嫌なことがあった時には、「これは悪魔が嫉妬しているのだ。悪魔が私の運がよくなるのを嫌がり、困ったことを起こさせたのだ。だからこの失敗、困難を乗り越えれば、かならずすばらしいことが起こるのだ」と思うようにしています。

実際、他人に車をぶつけられた時、あるいは何かの原因で列車に乗り遅れ、会合に遅刻せざるをえなくなった時などには、「これは悪魔の嫉妬のせいだ、次にはかならずよいことがあることの予告だ」と考えるようにしているのです。

不思議なことにこのように考えて、あまり心配したり後悔しないようにしていると、本当にすぐによい運が回ってくるのです。私はこうした経験を何度もしてから、この言葉を本当に信ずるようになりました。

●徳は天地の光陰に勝る

年をとったら薄氷を踏むように生きよ

山本玄峰老師〈龍沢寺〈静岡〉住職　臨済宗・妙心寺派〈京都〉管長　昭和三十六年没〉

私たちが不幸になるのはこれまでの業の結果によりますが、業が必ずしも悪くなくても不幸になる場合もあるのです。それは、この世には実に多くの人が生活しており、その各々の人に業があるので、時に巻き添えのような形で不運に見舞われることもあるからです。

よく例に出されるのが大災害の被害者の場合です。これらの人たちの多くは別に悪い業を積んで生きてきたわけではありません。たまたまそこにいあわせた不幸や、また災害がじつは人災だったという場合もありますから、そうした人たちの業などとの組み合わせの結果なのです。

不幸にもそのような災難にあった方はたいへんお気の毒ですが、しかし、運の貸しを作ったようなものですから、いずれは（来世かもしれませんが）非常な幸運に恵まれるのです（現世で非常に恵まれている人たちは、過去世《かこぜ》で苦労をし、運に貸しを作っていた人とも言えます)。

また私は一生の幸福の量が同じなら晩年が幸せなほうがよいと書きましたが(67ページ)、幸せな晩年を送っていた方が、過去世の果なのか、ガンにかかったり人にだまされたりして不幸になることもあります。

このように、あきらめなくてはならない因果もありますが、それでも私たちは現世で不幸になりたくありません。それには善業を積まなくてはなりません。ところが残念ながら、先ほども申し上げたように、私たちはよいことをしようと思ってもなかなかできない、あるいはその機会に恵まれないということがあります。一方、悪いこと、無慈悲なことをしてはいけないと思いながら、他人のちょっとした仕草に怒りを爆発させて悪業を積むことがあります。つまり徳を積むということは非常にむずかしいのです。いったいどのようにすれば徳が積め、不幸を避けられるでしょうか?

白隠《はくいん》禅師は「坐禅をすると無量《むりょう》の罪が滅び、徳を積むこと限りなし」と言っておられます。これは坐禅という行為のことを言っておられるのではなく、坐禅で無心になることの徳を言っておられるのです。

また、再三申し上げるとおり、釈尊は煩悩と妄想を排せとおっしゃいました。しかし、煩悩、妄想を排すということもなかなかむずかしいのです。妄想を排そうと思えば思うほど妄想が湧いてきます。それを排除できない自分にうんざりし、自分はなんとだめな奴だなどと思う妄想がまた湧いてきます。つまり自責の念です。

じつは、考えないということが徳を積むのだと昔から祖師方はおっしゃっているのです。五祖弘忍《こうにん》が与えた衣鉢《えはつ》を取り戻そうと追ってきた明《みょう》に、六祖となった慧能《えのう》(136ページ参照)は「善も悪も思わないでいる時、その時こそ本来のそなただ」と言っています。禅が中国に根を下ろしたばかりの時期に、すでにこの本質的なことが言われているのです。

また江戸時代の名僧、至道無難《しどうぶなん》禅師が「もの思わざるは仏の稽古《けいこ》なり」と言われたこともすでにご紹介したとおりです(39ページ参照)。よいことも悪いことも考えなければ心が仏のようになり、自分が徳を積んだ人間であることが自覚できるというのです。

私は年をとってきて、これからよいことをたくさんして徳を積むなどという余裕がないことを知っています。またよいことをしようと思っても欠点だらけの私には社会奉仕一つできません。怒り、憎しみの思いもまだ湧いてきます。もう余命いくばくもないのに、こんなことでよいのでしょうか。ますます業の借金が嵩《かさ》み、来世はとんでもない人生になってしまう可能性があるのです。

このような時に「もの思わざるは仏の稽古なり」と口ずさんで、心に妄想の雲がかからないように努力しています。

「なんだ、何も考えないようにすればよいのか、楽ではないか」などと思われる方がいらっしゃったら、ぜひやってみてください。なかなかできるものではありません。毎日少しずつ努力し、次第に考えない時間が増えてゆくだけです。しかし、これで徳を積めると思うと楽しみです。

徳ほど大事なものはありません。「徳は天地の光陰に勝《まさ》る」という古語があります。太陽が光り輝き月が満ち欠けする天体の運行よりも徳は優先するという意味です。もし徳が尽きれば、大病したり事故にあったりして、今までの努力が水の泡になってしまう可能性もあるのです。このような時に、無駄なことを考えないでいれば徳は積めるのだという祖師方のお言葉は本当にありがたいと思って毎日を送っています。

何度もお話ししている山本玄峰老師も口癖のようにこの言葉を述べておられ、「年をとったら徳を損なわないように、薄氷を踏む思いで生きている」と言われました。若い皆さんにとっても意味のある言葉です。

●金儲けは悪いこと？

金持ちになるのも有名になるのも　すべて因縁だ

古川堯道老師（臨済宗・円覚寺派〈鎌倉〉管長　昭和三十六年没）

大学時代から修行され、会社員となった後に禅の道へ進まれた辻雙明《つじそうめい》老師*が、若い時に古《ふる》川《かわ》堯道《ぎょうどう》老師に「お金を儲《もう》けることは望ましいことではないですよね」と問うたそうです。掲げた言葉はその際の古川老師のお答えです。

辻老師は、その時はさすがの老師も抹香《まっこう》臭いと思ったと書いていますが、年をとるにしたがってこの言葉の真実が身にしみてくると言っておられます。

私はお金はあまりありませんから、お金のことを例にあげることはできませんが、有名になった方を多く知っているので、まず「有名になる」ということでお話ししましょう。

私たちが人に認めてもらうためには、そう思って自分が努力するだけでは十分ではありません。能力さえあれば人に認められるというものでもないのです。能力を発揮する機会が与えられないと能力は認めてもらえません。このような機会が与え

辻雙明老師：一橋大学在学中、円覚寺で修行、会社員となった後、古川堯道老師の下で悟り、禅の道へ。自身の道場を持ち、経済界にも信奉者が多かった。平成三年没。

られるためには、ある人がその人物のことを思い出し、その人に仕事を与えよう、チャンスを与えようと思うきっかけがないといけないのです。

たとえばこの本と、前著『魂をゆさぶる禅の名言』です。これらの本を書くきっかけは、編集をしているAさんと長い間知り合いであったことですが、本を一緒に作ったことは十年以上の間ありませんでした。Aさんの年賀状に仏教の本を出したことが書いてあったので、禅の本はどうだと持ちかけたのです。Aさんの応対の仕方はいくらでもあったと思いますが、本を出すという結論になったのです。

この時、私の脳の中では、Aさんの年賀状を見て、連絡しようということが決断され、Aさん、あるいは出版社のほうは出させてみようという決断をしたのです。しかし、そのような本を出して成功するかどうかは誰も知りません。つまり、このような本が出るという事実が先にあり、その因縁を果たすために私たちは十数年の間、互いになにがしかの努力をし、久しぶりに再会し、懸命にいろいろ考え、相談し、働いたとも言えるのです。

つまり本を出すのも、それが売れたのも因縁だという言い方もできるのです。

さて、人に認められ、活躍の機会が増えると有名になるということが起こります。

有名になりたいと思う方は多いでしょう。「ちやほやされたい」という動機の人もいるでしょうが、それは別にしても、有名になると多くの人に自分の考えなどを伝え、社会に影響を与えることができます。多少の財も成しやすいでしょう。しかし、同時に、さまざまな制約も出てきます。「うまいものをそっと食う」こともしにくくなりますし、妬《ねた》まれたり、家族を危険にさらす心配もあります。

しかし、そういうことはすべて因果の法則の結果です。

有名になりたいというだけならただの煩悩です。一時的に有名になったのはいいが、その後苦しんでおられる方はたくさんいます。有名になりたいという欲の底には「人に認められたい」という気持ちがあるはずです。しかし、人に認められる何かがなければ人気は続きません。その何かを精進して築いてきた結果、有名になったのなら、それも因果だということです。

一休さんは人生について「なるようにしかならない」と言われました。これは一見無責任のように思える言葉ですが、そうではないのです。因縁の限りなく複雑な組み合わせが合《がっ》する時に、ある結果が生まれるのです。それはとても人知の及ぶところではありません。しかし、私たちの努力がまったく無意味であり、すべては成り行きだというわけではないのです。

私たちの努力は因に縁を与え、運命の方向を次第に変えてゆく力を持ちます。ここに努力が意味をもつ理由があるのです。

この努力が実を結び、今やろうとしていることがうまく行くかどうかはわかりません。「なるようにしかならない」のです。しかし、努力して徳を積んだという事実は厳然として存在するので、いつかは実を結ぶのです。しかし、それがいつかと問われても答えられない、これも「なるようにしかならない」のです。

有名になるのも金持ちになるのもすべて因縁だというのはここのところを言うのであって、宿命論ではないのです。因縁だからこそ努力で変わりうるのです。しかし、人知を越えているという点では、予測ができないということになるのです。

お金についても同じことです。関牧翁老師は、孔子の「君子、財を愛す、これを取るに道あり」（立派な人物は財を重んずるが、それを得るために道を踏み外すことはない）という言葉を例に、「清貧」ではなく「清富《せいふ》」とおっしゃったことがあります。

財を成すことがいけないのではありません。たしかに仏教の本質からすれば、自分の物という物は塵《ちり》一つないはずで、これに執着するのがすべての苦の元だということは正しいでしょう。しかし、そのような真実を心に留めながら、結果として財を得たなら、それを恥じることはありません。

お金が儲かっても有名になっても、求道《ぐどう》を忘れなければ問題はないのです。そのためには少しでも社会に貢献すべきでしょう。それも、目立たないように。それが陰徳ということです。

牧翁老師は天龍寺の建物を次々と建て直しました。それによって今日の荘厳な伽《が》藍《らん》が実現しているのです。天龍寺に行くとなんとなく心が洗われる気持ちになります。建物は方便であり、仮の姿です。しかし、私たちが美しい建物を拝観して、禅の心に触れることができれば、これも禅の布教の一つと言えるのです。

アメリカから帰ってきた頃には地獄の底で這《は》いずり回っているような自分でしたが、今はお蔭様で講演などであちこちから呼んでいただけます。人に評価していただけることはありがたいことです。自分を認めてくれた社会に少しでも恩返しができればと思って、私は全国を駆け回っています。

第6章

どう徳を積むか?

●自分に自信を持ち、自らの仏心を自覚しよう。

瓦《かわら》を磨いても鏡にはならない

南嶽懐譲《なんがくえじょう》(中国禅宗の基礎を築いた六祖慧能の弟子)

ある高校の校長先生に聞いた話です。その学校の剣道部の部長は剣道初段にすぎませんでした。自分がそれほどの腕ではないと思っていたせいか、生徒が試合に勝ったりすると非常にほめて、「そのやり方でいいぞ。がんばれ」と励ましたのだそうです。「欠点などどうでもいいよ。得意技だけを磨け」というのが口癖でした。おもしろいことにこのような指導を受けた生徒は学業成績もよくなったというのです。

次に部長になった先生は剣道四段でした。前の先生は甘やかしすぎたとして、悪いところはびしびし直すという指導法でした。ところがそれから三年たって生徒は欠点を直すことだけに力を使ってしまい、あまり技に進歩がなかったというのです。それどころか、生徒の学業成績も芳しくなかったそうです。

校長先生は「ある学校が一つの競技で県で優勝したりすると、他の部も皆強くなるといわれますが、その理由がわかったような気がします」と言っていました。

校長のお話はたいへん示唆的です。「自分はだめだと思っている人を、人はばかにする」という外国のことわざもあります。ですから、まず自分が優れていると思うべきなのです。禅では自分が本来仏であるという気持ちをしっかり持つべきだ、とされます。また禅の修行は、仏でない者が仏になろうという修行ではなく、自分は本来仏と同じ心を持っていたと気づかせてくれるものだとされます。

南嶽《なんがく》という僧は六祖慧能《えのう》の法を継がれた方です。南嶽の下で若き日の馬祖道一《ばそどういつ》（52ページ参照）が修行していました。馬祖はのちに中国唐代の禅宗発展の中心となる僧です。

ある日、南嶽が瓦《かわら》をごしごし磨きだしました。馬祖は変に思い、「何をなさっているのですか」と訊きました。「うん、瓦を磨いている」、「瓦を磨いてどうするおつもりですか」、「鏡にしようと思う」。これを聞いて馬祖が「瓦をいかに磨いても鏡にはならないでしょう」と言いました。すると南嶽が唐突に「お前はここで何をしている」と問い返しました。「坐禅をしています」と答えると、南嶽は「坐禅をして何になる」と訊いたのです。「坐禅をして仏になろうと思っています」と答えました。すると南嶽は「瓦を磨いても鏡にならないように、坐禅をしても仏にはなれまい」と言ったのです。

驚いた馬祖は「それではいったいどうしたらよいのでしょうか」と問いました。南嶽の答えは「もし牛車が動かなくなったら車をたたくか、牛を叩くか」というものでした。この言葉で目が覚めた馬祖は南嶽の下で本気で修行を積み、法を継いだのです。

南嶽は馬祖の修行がルーティンワークに陥っていると見て、抽象的な悟りを求めてはいけないと、このような奇妙な言動で釘を刺したのでしょう。

このエピソードが示しているのは、坐禅をしても仏にはなれないということではありません。私たちの修行は、瓦を磨いて鏡にしようというような不可能なことをしているのではないということです。最も大事なことは、本来持っている鏡を磨いて、さらにきれいにし、そのきれいな心で自分の仏心を自覚することなのです。

第二に大事なことは、一生懸命にやろうという心を刺激しなくては、ただ坐禅に時間を使っているというだけになりがちだということです。私たちの脳の中にある「やろうという意欲の場所」を刺激しなくてはならないのです。禅書『無門関《むもんかん》』を編纂《へんさん》した無門禅師は、平生の気力を尽くしてこの心を極めようとせよ、と言っています。やろうという心を刺激せずに努力をしても、マンネリになるだけなのです。

●「一歩足を踏み出せ」と自分を励まして

勤むべき一日は尊ぶべきの一日なり
勤めざる百年は恨むべきの百年なり

道元禅師（日本の曹洞宗の開祖）

私の祖母や父は非常に信心深く、毎朝仏前や神棚、稲荷神社に供物《くもつ》を上げ、読経する日課を欠かしませんでした。

仏教がただの道徳でないのは、このようなお勤めが単に心を磨くだけでなく、実際に運もよくするとしているところです。

日本の曹洞宗の開祖、道元禅師《どうげんぜんじ》は坐禅などのお勤めを続けていると「宝蔵自開《ほうぞうじかい》」といって、自分が本来持っている仏と同じ心、その力が宝の蔵の扉が開くように自然に出てくると言っておられます。

宝蔵について、ある人は「私たちの胸の中には打ち出の小槌《こづち》のように、叩けばなんでも出てくる宝の箱が入っているのです」とやさしく説いています。つまり、私たちの心は宝に満ちているのです。ただこれを使わずにいるだけです。まさに宝の持ち腐れです。しかし、自分が宝の蔵の持ち主であることを信じ、この蔵を開けさせまいとする力である煩悩や妄想をできるだけ少なくすれば、つまり心を清らかにし、お勤めをしていれば、この宝はいつでも自由に取り出せるのです。

自開という言葉に注目してください。そのような能力を無理に引き出そうとしなくても、お勤めをしていると自然にその力が出てくるということを意味しているのです。

坐禅についても、多くの祖師方がおっしゃっています。

円覚寺《えんがくじ》(鎌倉)におられた東海禅師は「坐禅をすれば内が正しくなる。内が正しくなれば外が正しくなる。内が正しく外が正しくなれば一切合切が正しくなる」とおっしゃっています。つまり坐禅をして妄想を少なくすれば、心もきれいになり、顔つき、態度もよくなり、仕事などもうまくゆくようになるというのです。

東福寺(京都)の開山《かいさん》である聖一《しょういち》国師(鎌倉時代)にある人がこう尋ねました。

「修行をしても悟れるとは決まっておらんようですが、せっかく骨を折って修行しても、もし悟れなかったら、こんなつまらないことはないのではありませんか」。

聖一は「この坐禅の法門は不思議解脱《げだつ》の道であります。難行苦行しなくても、凡夫《ぼんぷ》がこのまま仏になれる道であります」と言っておられます。これはじつに重要なお答えです。再三申し上げるとおり、坐禅によって、自分がそのまま仏であるということを自覚させていただけるのです。

聖一国師はさらに「たとえ悟りが開けなくても坐禅を捨ててはなりません。一時間坐禅をすれば一時間の仏であり、一日坐禅をすれば一日の仏であります。一生坐禅をすれば一生の仏ではありませんか」と言っておられるのです。

日本臨済禅の中興の祖、白隠禅師（江戸中期）にいたっては、「たとえ一回坐禅しただけでも、今までの罪がすべて消える」とまで断言しているのです。

実際、坐禅をしていると、次第に顔つきなどが変わってくるようです。臨済宗妙心寺派の管長だった山田無文《やまだむもん》老師も「坐禅をしていると次第に変わっていくその人の人相が、はっきり仏になれる道であることを示している」と言っておられます。

私自身も、もし坐禅をしていなければ今日の自分はなく、このような本を書くことはなかっただろうと思っています。また私に会った人が最近、「なんだかお坊さんのように見える」とか、時には「高僧の面影がある」などとおだててくれます。もちろんそんなはずもないでしょうが、坐禅の功徳は計りしれないのです。

煩悩と妄想を少なくする努力を続け、宝蔵を開きやすくする――これが毎日の勤めなのです。このように考えれば、道元禅師の言われる「勤《つと》むべき一日は尊《とうと》ぶべきの一日なり、勤めざる百年は恨むべきの百年なり」という言葉の意味がよく理解できるでしょう。

勤めるということは階段を昇るようなものです。いくら低い段でも一歩上がればそれだけ高いところに登れます。しかし、一歩を踏み出さなければ、同じところにいるだけです。一歩足を出せば一歩分だけ高くなるのです。「一寸《いっすん》の線香、一寸《いっすん》の仏」という言葉は私の座右の銘です。線香が一寸燃える時間坐禅をすれば一寸分仏に近づけるという意味です。なんとなく坐禅をする気がしない時、私はいつも「一歩足を出すのだ」と心に言い聞かせて努力しています。

自分の欠点、短所をなんとかなくそうと血みどろの努力をしても、短所はなくなりません。しかし、そんな短所はほうっておいて、煩悩や妄想を減らす坐禅をすれば、そのまま仏と同じように人に信頼され、愛される自分が出てくるということの教えほど尊い教えはないでしょう。

●苦しくてたまらないような修行は間違っている

修行は春の陽のような心をもって

黒住宗忠（備前〈岡山〉に黒住教を開いた幕末の神道家）

禅の修行というと、苦しみに耐えて、耐え抜くというような面が強調されがちです。実際、多くの優れた禅僧が若い時に、不惜身命《ふしゃくしんみょう》といわれるような、自らの命も顧みない激しい修行をしたことでしょう。

しかし、このように激しい修行に明け暮れた方々の話を聞きますと、かならず喜びの体験があるのです。それがあったからこそ禅に向かう決意ができ、それを心得た師が見抜いて厳しく指導しているのです。このことを忘れてはなりません。

関牧翁老師は岐阜の瑞巌寺《ずいがんじ》で小僧のようなことをしていました。ある時、住職の説法があり、「至道無難《しどうぶなん》」＊という言葉を聞いた刹那《せつな》、急に体が軽くなり、今までのすべての悩みが消えたとおっしゃっています。辻雙明《つじそうめい》老師は、奥様の病気の際に毎日、南無妙法蓮華経《なむみょうほうれんげきょう》の題目を大声で唱《とな》えていました。すると突然、坐禅が苦し

至道無難：「ものごとはけっして難しいものではない」という禅語。江戸時代の禅僧・至道無難はこの語に感銘を得て自ら名乗った。

くなくなり、楽になったと書いておられます。山田無文老師は、結核で今日死ぬか明日死ぬかという時に、ふっと風が体を吹く感覚に気づき、空気はいつも自分を包んでくれている、と喜びに涙したといわれます。

このように心に喜びを持ってこそ、どんな修行にも耐えられるのです。明るい気持ちを持たないと、いくら努力しても本当の心を自覚できません。

幕末に黒住教を開いた黒住宗忠《くろずみむねただ》は結核で死期が迫ってきた時に急にすべてがありがたく感じられ、周囲の人が気でも違ったのではないかと思うほど笑いに笑いました。その結果、病もすぐに治ってしまいました。この時の体験から「心が陰気ならば、修行はけっして成功はしない。春の陽のようになって修行してください」と言っているのです。

すべての宗教は光を使います。神道や仏教の灯明《とうみょう》、キリスト教のろうそく……イスラム教では太陽を拝みます。光や明るい刺激は私たちの心を変えることを宗教の天才たちは知っていたのです。

現在、うつ病になると、神経伝達物質であるセロトニンを増やす薬を処方されます。セロトニンはセロトニン神経の末端から放出され、隣り合う次の神経細胞の膜にある受容体と結合します。結合によってその受容体が刺激されると、その神経細胞が精神の安定をもたらす働きをするのです。

セロトニンは食べ物の中にあるトリプトファンというアミノ酸からできます。食べ物として取り込まれたトリプトファンが脳内に入るとセロトニンになるのですが、光の刺激が目から入るとセロトニンが多く生成されることがわかっています。つまり明るいところにいると、精神を安定させる物質が脳内で生成されるのです。

明るい思いも同じです。明るい思いは脳内のセロトニンを増やし、精神を安定させます。ですから、いつも人生の明るい面のみを見ようとする努力が必要です。ある人はこれを日時計《ひどけい》主義と言っています。日時計は陽が当たる時のみ時刻を示すからです。

では、明るい、春の陽のような気持ちで修行するにはどのようにしたらよいのでしょうか。

私は、自分の胸の中に光り輝く神々しいものが宿っていて、引き出せばどのようなことでも可能にしてくれる力を持っていると念ずるのが最も有効だと思います。昼間明るい太陽の下で目をつぶり、その光が体に流れ込み、体の中で輝きわたる様を意識するのです。

私はときどき朝日が差し込む場所で坐禅をします。その時に、坐禅をする自分の体に太陽の光が流れ込む様子を意識します。そして自分の体が明るく輝く様を思い描くのです。これをしばらく続けると体が白く輝くような気持ちになります。

陰気な気持ち、自分はだめだと思う気持ちで修行をしても心境の進歩は望めません。このような暗い気持ちを坐禅で変えようなどと考えることは間違いなのです。そのような気持ちで努力してもうまくゆかないので、自分に自信を失うのが落ちです。前に述べたように、瓦を鏡にしようとしても無理なのです。鏡をきれいにするには、自分の心が清らかな鏡であると確信して努力する必要があります。けっして自分の心に疑いを持つような気持ちで修行をしないことが大事なのです。

これは「まえがきに代えて」でも書いた私の経験ですが、自分に否定的な気持ちを持っている時には何をしてもうまく行かず、努力しても目的を達成することができず、自分に自信を失うばかりでした。ところが、積極思想で「将来はかならずよくなる」と口に出して繰り返し、自分を励ますと、次第に運勢が好転しただけでなく、坐禅をしても精神の統一を図ることができ、心境の進展が見られるようになったのです。

自分を信じ、明るい前向きな気持ちで努力しましょう。けっして否定的な、暗い気持ちで修行に臨まないようにしましょう。

古語

法輪転ずれば食輪転ず

●懸命に道を求めれば何かがあなたを応援してくれる

太平洋戦争中の話です。政治風刺《ふうし》漫画家の近藤日出造《こんどうひでぞう》(昭和五十四年没)が、戦争画以外に注文がなくなり、次第に生活が苦しくなってきた時、師匠の岡本一平《おかもといっぺい》に相談したことがあったそうです。すると「一生懸命に漫画を描けばよいのだ。世間はけっしてそのような人を見捨てない。法輪《ほうりん》*転ずれば、食輪《しょくりん》転ずだ」と言ったということです。

「法輪転ずれば、食輪転ず」は本来、仏教の言葉です。一生懸命に仏道の修行をしていれば、なんとか食べてゆける、衣食のことなどを心配する必要はないという修行者への激励の言葉です。岡本一平はこの言葉を弟子の近藤に与え、「一般の職業でも、懸命に仕事をしていれば、食うだけのものはなんとかなるから心配するな」と励ましたのです。

法輪：古代インドには円盤状の武器があった。これで敵を撃破するように、仏の教えが私たちの迷いを打ち破りながら広まっていく様子、また仏が説法することを「法輪が転ずる」とする。インドの国旗の中心の輪も法輪の一種。

私は精神主義者ではありませんが、一生懸命に道を求めれば、それがどこかに伝わり、その生き方を支える力をうることができると確信しています。最近では、それは先祖からの援助かもしれない、先祖ががんばってくれよと言って、自分が生きてゆくのを手伝ってくれているのかもしれないなどと考えるようになっています。

前も申しましたように、仏教では、人が死ねば体は消え、心は宇宙なり海なりに戻り、そこに満ちている仏心と一つになります。

それでは祖先を敬い、それに祈りを捧げるとか、お供《そな》えをするなどということはまったく無意味なのでしょうか。仏壇をきれいに掃除したり、盆や命日にお墓参りをすることは意味がないのでしょうか。

ある方が言っておられました。自分は子どもを、朝起きたらまず仏壇の前で手を合わせるようにしつけた。また仏壇をきれいに磨くこともさせている。現在私たちの家族がうまくいっていて、病気もせず、仕事でも成功しているのは先祖を大切にしているからだと思うと。

私は最近、自分の祖先、父母、親戚のことなどをよく書いたり、話したりしています。とくに祖先である清水次郎長《しみずのじろちょう》のこと、その孫と結婚した祖母のことなどを書いています。今まで世に出なかった先祖の逸話を紹介するようにしているのです。次郎長は晩年こそ禅に心を向けましたが、しょせん侠客《きょうかく》ですから、自分の祖先であると書くのに躊躇《ちゅうちょ》がなくはなかったのです。しかし思い切って書くようにしました。すると不思議なくらい運が向いてきたのです。前著『魂をゆさぶる禅の名言』がよく読まれたなどということも、先祖たちが「自分たちのことを知らしめてくれた」と喜んで私に運を与えてくれたのではないかと思われるのです。

こういう神秘性を疑う方もいらっしゃるかもしれませんが、仏教でも神通力《じんずうりき》を認めています。私たちの心は宇宙の心と通じていて、その力によって神秘的とも言える神通力を発揮できるのです。私たちが努力し、我慢をして、道を求めようとすれば、宇宙にみなぎる祖先の心はかならず援助を与えてくれるのです。

祖先を大事にして利益を得ようなどという気持ちから仏壇に向かう人は少ないでしょう。しかし、仏壇に向かうと、祖先はそのような心さえきれいにしてくれるのです。そして、ここでは私は祖先の力を例に書きましたが、私たちが道を求めて努力すれば、祖先にかぎらず誰かが私たちの姿を見ていて、かならず支えてくれるというのが、「法輪転ずれば食輪転ず」という言葉の意味です。またこうした支えがなくては、努力が報いられることはありません。心を清らかにして仏に向かえば、求めずとも与えられるというのはここを言うのです。

第7章
どうすれば健康でいられるか？

●坐禅で病気知らずに

老師だの管長だのといっても病気をするような禅僧は贋者《にせもの》だ

河野大圭和尚〈臨済宗・金地院〈静岡〉住職　昭和二十八年没〉

山田無文老師は中学の時に論語の言葉に衝撃を受け、人生に疑問を持ち、大学へも行かずいろいろな宗教に救いを求めました。ようやく行き着いたチベット仏教の大家、河口慧海《かわぐちえかい》師のところで激しく修行をしました。河口師の家(東京)は戒律が厳しく、お昼を過ぎたら翌日まで何も食べられないのです。一日一度の食事です。そこで二年ほど辛抱していたのですが、ついに結核になってしまいました。

三河《みかわ》(愛知県)の実家に戻り、名古屋の医師にも診てもらいましたが、どの医師にも、もうだめだ、治療の方法もないと言われました。その後やや健康を回復した老師は熱田《あつた》の病院で治療を受けることになりました。

熱田神宮のそばの魚問屋に入った時のことです。女将《おかみ》に治療の様子を訊かれました。一向よくないと言ったところ、女将が「いいとこがあるがなも。きっと治るが、連れてゆくとおっさまが怒らっせるでなも」と妙に思わせぶりなことを言うのです。聞いてみると浜名湖の北東にある金地院《こんちいん》という臨済宗の寺の和尚が、どんな不治の病も治すというのです。彼女自身も子宮がんを治してもらったそうです。

老師はこの和尚の話は前から聞いていましたが、病気を治すというような仏教は邪道で、そのような坊主はうさんくさいと思っていました。しかし、新しい病人を連れてゆくと怒られるという話を聞いて老師は心を動かされました。山師《やまし》なら新しい患者を歓迎こそすれ、怒ることはないだろうと思ったのです。

金地院を訪ねた感慨を老師はこう書いていらっしゃいます。

「こうしてわたくしは遠州《えんしゅう》金地院主河野大圭《こうのたいけい》という和尚をたずねることになった。第二の師匠である。忘れもしない二十二歳の年の十一月二十六日であった。この大圭老和尚こそ、わたくしにとって命の大恩人である。それは白隠禅師における白幽《はくゆう》仙人（204ページ参照）のごとく、わたくしにとっては奇しく恵まれた巡り合いであった」（『わが「心」のふるさと――自分とは何か、生きがいとは何か』〈雄渾社〉より）。

しかし、お目にかかった時の大圭和尚はなかなか手強かったようです。

金地院を訪ねると、和尚は指を三本立てて、「お前の病気なんぞ、これだ」と言ったそうです。無文老師がぼんやりしていると「バカ野郎！　三月《みつき》で治るというんじゃ。わからんか。お前の内臓は弱いことはない。内臓が強いから病毒を首まで押し出したんじゃないか。恐れ入りましたとなぜ頭を下げん」と大喝《たいかつ》を食《く》らったといいます。

治療の結果、老師はすっかり元気になりました。

「全く奇跡と申すほかはない。全快というわけではないが、再び学窓に親しむだけの体力を回復したのである。それ以来四十数年間、わたくしはこの治療によって健康を保ち、医薬に親しんだことは一度もない」と書いておられます。

大圭和尚の療法は枇杷《びわ》の葉療法といい、枇杷の葉に経文《きょうもん》を書き、それを灸《きゅう》にしてすえるというものだそうです。

大圭和尚は昭和二十八年、八十一歳で遷化《せんげ》されましたが、無文老師によると医者にかかったことは一生に一度もなかったようです。そして常に「老師だの管長だのとすかしても、病気をするような禅坊主はみな贋者《にせもの》だ」と公言してはばからなかったといいます。

「わたくしは、やはり近代の傑物だった、と信じている」と無文老師は書いていらっしゃいます。

じつは無文老師の同門の関牧翁老師はよく風邪を引いて、毎年一カ月くらい休まれたということです。「病気をする禅僧は贋者だ」と大圭和尚が言ったと聞いて「ばかなことを言うな。ご本人だって八十一で亡くなられてしまったではないか。だいたい長生きの僧は愚僧と相場が決まっている。山岡鉄舟だって五十一歳で亡くなっているし、天龍寺の傑僧といわれた峨山《がさん》老師も四十八歳で亡くなっている」と噛みつきました。

　無文老師も牧翁老師も八十九歳で亡くなっているので、この論争は引き分けですが、私自身は坐禅をしていれば病気になりにくいと思って日々を送っています。山本玄峰老師も膝《ひざ》の神経痛で足がまったく上がらない時に思い切って坐禅をしたところ、身体がひやりとし、その後、神経痛が治ったと言っておられます。坐禅をすると細胞一つ一つが光り輝くと言われた方もおられます。

　私は病気にならない生き方などというものはないと思っています。また、遺伝性のガンとか、体質的に病気を持っている人の場合には、心のもち方だけで治らないということも知っておくべきだと思います。しかし、坐禅などをして姿勢を正し、呼吸を整え、心を正していると病気になりにくいことは間違いないと確信しています。

●ストレスは身も心も傷つける

妻を老けさせるような苦労をさせてはならない

植木憲道老師（臨済宗・雲巌寺〈栃木〉住職　昭和四十二年没）

植木憲道《うえきけんどう》老師は明治四年生まれで、妙心寺（京都府）の池上湘山《いけがみしょうざん》老師の法を継がれました。那須《なす》（栃木県）の名刹《めいさつ》、雲巌寺《うんがんじ》で辻雙明《つじそうめい》老師に僧としての規律をお授けになりました。

植木老師は辻老師が出家しようとした時に「奥さんを老《ふ》けさせるなよ」とおっしゃったということです。この言葉は私の心に強く残りました。

夫が何かで悩んでいる時、夫のことを本当に考えている妻は、夫の悩みを悩み、夫の苦しみを自分の苦しみだとして受け取ります。夫自身は、自分のことですから、なんとなくどうしたらよいのかわかるのです。ところが、妻など周囲の人はただおろおろと心配するだけです。

私たちはストレスに囲まれて生きていると言ってもよいでしょう。ストレスとは心と体をゆがめる刺激です。つまり体を病気にし、心を傷つけるのです。

犬を金網でできた檻《おり》に入れておきます。床にときどき強い電流を流します。すると犬は電気ショックを感じてきゃんきゃんと鳴き、飛び跳ねます。これを長時間続けると疲弊《ひへい》してきます。さらに、高血圧、動脈硬化など、人間でいう生活習慣病の諸症状を示してきます。これを毎日繰り返すと、そのうちに気力を失い、電流が流れているにもかかわらず、床にひれ伏したままになってしまいます。

この実験で、犬の前に赤い電球を置きます。電球が点いた時には電流を流し、点かない時には流さないようにします。電流が流れた時に犬は痛がり、跳ね上がるのですが、それだけではさほど疲弊しません。ところが、電球が点いた時に電流を流さなかったり、点かなくても電流を流したりして規則性をなくしてしまうと、犬はたちまち疲弊して床に横たわってしまいます。

このようなことから、人間でも、ストレスがあっても、予測が可能だったり対処する方法があれば、受けるショックは少なく、それによる心身の障害は防ぐことができるということがわかりました。

私たちには「なんとはなしに働く感覚」というものがあり、「こうすればよいのではないか」という直感が働きます。自動車で初めての道に迷っても、自分で運転していれば、こちらに行けば元の場所に戻れそうだという直感が働きます。ところが助手席に乗っている人にはそのような感覚が働かず、運転手に連れ回されるだけなので、たいへん気疲れします。

これは夫婦の間でも同じです。夫のやることに無関心な妻なら問題はないのですが、本当に夫のことを思う妻は夫よりもっと心配します。

こういう時に受けるストレスは脳の視床下部《ししょうかぶ》という部分を刺激したり、その働きを抑制したりします。刺激された場合にはCRH（副腎皮質《ふくじんひしつ》刺激ホルモン放出ホルモン）が出され、最終的には副腎皮質からコロチゾルが出されます。これは本来は体を守るホルモンですが、出続けると脳細胞と結合してその機能を抑え、やがて脳細胞を死滅させます。つまりボケさせるのです。

視床下部には、食欲、体温維持、性欲、水分保持、睡眠などの機能を司《つかさど》る場所があります。嫌なことがあると視床下部の機能が落ち、食欲がなくなり、肌が荒れてかさかさする、眠れないなどという症状が起こります。これが続けば、老けた感じになるのです。

私はどんなに社会的に立派だとされている人でも、奥さんに会って苦労がうかがわれる顔だと、夫の言動を疑ってかかることにしています。夫婦がまるで勝手に生活しているような時には、妻は夫の苦労の影響を受けないでしょうが、夫思いらしい奥さんが苦労のために老けて見えるような場合には、夫の性格や態度に問題があると見て間違いないと思っています。

「糟糠《そうこう》の妻」という言葉があります。

後漢《ごかん》の光武帝《こうぶてい》に出戻りの姉がいました。この姉は妻のある宋弘《そうこう》という重臣に思いを寄せていました。ある時に光武帝は宋弘を呼んで、やんわりと「姉はどうだ」と切り出したのです。すると宋弘は「『糟糠の妻は堂より下《くだ》さず』と聞いています」と答えました。つまり、若く貧しかった頃、ともに糟(酒かす)や糠(米ぬか)を食べて苦労した古女房を捨てる気はないということです。光武帝はそれを聞いて、姉に彼のことをあきらめさせたといいます。

若い時に妻に苦労させると、妻は老けてしまうことがあります。一方、男は成功すると若い女性に狙われます。妻は夫にあらぬ嫌疑をかけ、それでいっそう心労が増えます。奥さんにそういう心配をかけてはいけません。

よい妻には苦労させないのが夫の務めでしょうが、もしさせざるを得なかった場合には一生大切にすべきでしょう。

『延命十句観音経』

●念ずることで病は治る
朝《ちょう》念《ねん》観《かん》世《ぜー》音《おん》　暮《ぼー》念《ねん》観《かん》世《ぜー》音《おん》

白隠禅師＊は『延命十句観音経《えんめいじっくかんのんぎょう》』の読誦《どくじゅ》を強くお勧めになりました。『辺鄙以知吾《へびいちご》』という著作の中で、「延命十句観音経を毎日一、三百ぺんも読誦するがよい。重病または不慮の災難にあった人に、この経を与えて確かめてみるがよい。真実にさえ唱えてくれれば、かならず驚くばかりの霊験《れいげん》が現われる」と言っています。

そこで延命十句観音経とはどのようなお経かを紹介しましょう。これは観音《かんのん》信仰をごく簡単に説いた、まさに最も短いお経です。

観世音《かんぜーおん》　南無仏《なーむーぶつ》　与仏有因《よーぶつうーいん》　与仏有縁《よーぶつうーえん》
仏法僧縁《ぶっぽうそうえん》　常楽我浄《じょうらくがーじょう》　朝念観世音《ちょうねんかんぜーおん》
暮念観世音《ぼーねんかんぜーおん》　念念従心起《ねんねんじゅうしんきー》　念念不離心《ねんねんふーりーしん》

白隠慧鶴（はくいんえかく）：江戸時代中期、臨済宗を再興した禅僧。「片手で拍手するとどんな音がするか」などの公案を創案、体系化した。三島（静岡県）に創建した龍沢寺は臨済宗の名刹。荒々しいがユーモラスなだるまの絵でも有名。『於仁安佐美（おにあざみ）』などの変わった名の書も多い。

お経の意味は――初めに観世音菩薩《ぼさつ》（観音様）と仏への帰依《きえ》を誓います。「与仏有因　与仏有縁」は、私たちは仏と同じ因、仏と同じ縁で結ばれているという意味です。釈尊の言われたように私たちは本来仏と同じ心、清らかで永遠に続く心の持ち主なのです。仏法僧とは仏、仏法、僧侶の三つで、これを三宝《さんぼう》といいますが、これと自分はご縁があるということです。このように思うと、自分というものは常に清らかであり、その清らかさを自分は楽しむことができる。それで朝な夕なに自分が観世音菩薩だと唱えます。いつもいつもこれを念じて、けっして心から離してはならないというお経です。

白隠禅師は若い時に『観音経』を信奉《しんぽう》していました。観音経には、観音を念ずれば山から落ちても怪我一つしない、敵に襲われて刀を突きつけられても、観音を念ずれば敵はすぐに慈悲心を起こす、また苦難にあって死刑の判決を受けても、まさに刀が振り下ろされようとする時に観音を念ずれば、刀はばらばらになってしまう――というような奇跡が描かれています。

白隠の若い頃、村で「鍋《なべ》かぶりの日親上人《にっしんしょうにん》」の劇が上演されました。日親は禁じられていた法華宗《ほっけしゅう》を広めようとして捕まります。役人が「法華の行者《ぎょうじゃ》は、火にも焼けず、水にもおぼれずというが本当か」と問います。そうだと答えると「それなら」と、真っ赤に焼けた鍋を頭からかぶらされたのです。しかし上人は平然と読《ど》経《きょう》を続けます。さすがにもう焼け死んだと思われる頃に鍋を取ってみると、上人は微動だにせず、合掌《がっしょう》、唱題《しょうだい》しているのです。観衆はやんやの喝采《かっさい》をします。

白隠はこれを見て、よし、一週間の間、天神を一心に念じようと決意します。一週間たって焼け火箸《ひばし》を太ももに当てると、哀れ、太ももは見るも無残に焼けただれたのです。

「まだ修行が足りない」とよい師を求めて修行に出ました。ところがその途中で、昔、中国の名僧、巌頭《がんとう》という人が山賊に殺されたという話を読み、衝撃を受けたのです。この話が事実なら、法華経《ほけきょう》にある言葉はすべて嘘ではないか（観音経は法華経の一部です）、日親の話も作り話に違いないと絶望の日々を送りました。しかし、ある時に、やはり昔の中国の僧、慈明《じみょう》が眠くなると錐《きり》で太ももを刺して目を覚まして修行したという話を読み、もし仏教が信ずるに足りないなら、なぜ古人はこのように苦行《くぎょう》したのだろうか、早まってはならぬと再び修行に戻ったのです。

のちに悟りを開いた時、白隠は「巌頭は今も生きていた」と叫んだということです。その後いっそう法華経、観音経を信奉し、観音を念ずればすべての病は治り、苦難も避けることができると繰り返し、このお経を信者に勧めました。自分自身がこのお経で心の病を克服したこともあり「延命」という字を冠したのです。

観音を念ずるということは、心を観音様（観世音菩薩）のように美しく純粋なものにします。そもそも観音経を唱えるというのは、その経文《きょうもん》が心にあって、それが言葉として出てくるということです。つまり心が観世音菩薩になっているということです。こうした純粋な心で念ずる願いはすべてかなうことになっていますし、このような心の持ち主が不幸を回避し、健康を維持できることは当然です。

白隠は、一時は「奇跡などない」と疑いましたが、悟りを得てから「自分は間違っていた。心は奇跡を生むのだ。だから仏の心、観音の心を持て」と信者にお勧めになりました。そういう経緯を思いますと、白隠の言葉を疑わなくなります。

仏教は、学問でも道徳でもありません。行《ぎょう》、つまり坐禅、読経などを実際に行わなければ、理解もできないし、その功徳《くどく》を得ることもできないのです。心配、不安のある人は心を込めて延命十句観音経を唱えましょう。かならず、幸せと健康がもたらされると信じて――。

もちろん延命十句観音経でなくてもいいのです。ただ、これは観音経のエッセンスですし、短いからよいのです。覚えやすいので観音霊場《れいじょう》めぐりなどでもよく唱えられます。

●健康はゆったりした呼吸から

呼吸を修《しゅう》すれば身体《からだ》は疲れず

『雑阿含経』

禅の指導を受けると最初に姿勢と呼吸をやかましく指導されます。呼吸をゆっくり、荒くないようにせよと言われます。また息を吐いた後で吸気に移る時に乱暴に移ってはならない、なめらかに移行せよとも言われます。

指導する人によって違いますが、山本玄峰老師などは鼻の先に羽毛を置いて、羽が動かぬように呼吸せよとおっしゃっています。一方、辻雙明老師は一分間一呼吸の工夫をせよと言います。一分間で一呼吸は非常に長くむずかしいので、私は一呼吸四十秒くらいにしています。

東洋の修行法はすべて呼吸に心を凝らすことを勧めます。ヨーガなどでも、鼻から宇宙の霊気を吸い込み、口または鼻から体内の汚れを吐き出すようなつもりで呼吸をしろと教えます。

天台宗に『天台小止観《てんだいしょうしかん》』という本があります。そこでは息をする時に「出入り綿々として、存するがごとく亡きがごとく」するようにと述べています。同じく天台の『摩訶止観《まかしかん》』という本では「息はへそより出でて還り入ってへそにいたる。出入りはへそをもって限りとす」と、へそから息を出入りさせなさい、と言っているのです。もちろん息は、口あるいは鼻から吸って出す以外にはないのですが、意識の上でへそから入れ、へそから出すようなつもりでやれというのです。ヨーガでは「呼吸は肛門でやれ」と教えています。『荘子《そうじ》』には「真人《しんじん》（本当の人）の息は踵《かかと》をもってし、衆人（普通の人）の息は喉をもってす」と書かれています。

このように呼吸に心を凝らし、その修練をすることが私たちの心と体を癒すということは釈尊も語っていたようです。『雑阿含経《ぞうあごんきょう》』というお経の中には次のように書かれています。

「世尊《せそん》（お釈迦さま）は、ある時、祇園精舎《ぎおんしょうじゃ》において弟子たちに語られた。〝弟子たちよ、入息《にっそく》《にゅうそく》出息《しゅっそく》を念ずることを実習するがよい。かくするならば、身体《からだ》は疲れず、眼も患《う》まず、観《かん》へるままに楽しみて住み、あだなる楽しみに染まぬことを覚えるであろう。かように入息出息法を修めるならば、大いなる果と、大いなる福利を得るであろう。かくて深く禅定《ぜんじょう》に進みて、慈悲の心を得、迷いを断ち、證《さと》りに入るであろう」

呼吸を一生懸命にやれば健康になり、考え方も楽しいものになり、悪い習慣がなくなる、また現世《げんぜ》の福利も得、慈悲の心にも満たされ、迷いがなくなり、悟りも得られる、というのです。まさに呼吸法は究極の修行法だと言えるのです。

さて禅では最初に数息観《すそくかん》という呼吸法を教えます。これは自分の呼吸を数える方法です。白隠禅師も「始め数息観をなすべし。無量三昧《むりょうざんまい》の中には数息をもって最上となす」と述べておられます。

まず息を吐く時に「ひとー――」と言いながら吐いてゆき、十分に吐いた後で「つー――」と言いながら息を吸います。次にまた「ふたー――」と吐いていって、吐き終わったら「つー――」と吸います。これを一から十までやり、十になったらまた一に戻ります。

「なんだ、そんなことか」と思われる方はおやりになってごらんなさい。十まで呼吸に専念できるということは並たいていではありません。「みー――」「っつー――」などとやっていると、「明日の会議に○○さんは呼んであったかな」などという雑念が浮かびます。「そうだ、坐禅が終わったら、名簿を見てみよう」などと考えて、ふと気がつくと「にじゅー――さんー――（二十三）」などとやっています。他のことを考えながらも数を数えることはできるので、十を越えても気づかないのです。

そこであわてて、また一から始めるのですが、また途中で「この間のあいつは嫌なやつだったな」などと思い出し、気がつくと「じゅうー――くー――（十九）」などとやっています。数息観はそれくらい難しいのです。禅に長く親しんだ人でも数息観は禅の最初で最後の修行法だと言っておられます。

最近、呼吸をゆっくりすると、脳内のセロトニン（神経伝達物質）が増えるということがわかりました。脳内のセロトニンはうつ病の際には減り、これを増やすとうつ病は治るとされます。呼吸をゆっくりするとセロトニンが増え、私たちの心が安定するのです。

このように呼吸で心が平静になり、集中が続くようになれば、体も健康になることは間違いありません。

五漏《ごろう》を防ぐことを修せよ

●坐禅の功徳《くどく》には医学的な理由がある

白隠禅師（江戸中期の禅僧　日本の臨済宗の中興の祖）

白隠は、人間には五漏《ごろう》といって五つの無益な漏失《ろうしつ》があると言います。それは、眼、耳、鼻、舌、身の五官の浪費です。さらに、これら五感の対象となる色《しき》、声《しょう》、香《こう》、味《み》、触《そく》の五つの欲望です。この五欲に意欲を加えた六つの欲望を断ち、五官の不必要な働きを抑えた時に、本来の生気が体の内に脈々と働き出し、「気」が満ちてきて、全《まった》き健康体をつくってくれるということなのです。

このために必要なことは精神を集中させることで、それには坐禅が最もよいとされます。前の項目で、坐禅ではゆっくりした呼吸が精神を安定させると言いましたが、姿勢も大事です。

坐禅だけでなく、書道、華道、茶道などのすべてで姿勢を厳しく指導されます。躾《しつけ》という字は「身体が美しい」と書きますから、「しつける」とは、姿勢をちゃんとさせるということです。姿勢が調《ととの》わないと心は調わないのです。これに前項で述べた呼吸を加え、調身《ちょうしん》、調息《ちょうそく》、調心《ちょうしん》といって、仏道修行では最も大事な心得とされます。

姿勢を正すことの意義を坐禅の仕方で説明しましょう。

坐禅には主に二通りの坐り方があります。半跏趺坐《はんかふざ》（201ページ右の絵）と結跏趺坐《けっかふざ》（左の絵）です（そのほかに正座もあります）。半跏趺坐は一方の足のみを反対側の足の腿《もも》に載せる坐り方で、結跏趺坐は両足を反対側の腿の上に載せる坐り方です。

私は初心者でも結跏趺坐で坐ることを勧めます。私は最初は半跏趺坐で始めました。これでも足が痛くてたまりませんでした。結跏趺坐などとても無理だと思いました。線香一本が燃え尽きる三、四十分も、とても耐えられそうにありません。しかし、半跏趺坐ではなかなか心境に進歩がなく、思い切って結跏趺坐にしました。するとどうでしょう、最初こそ痛かったものの、すぐに足の痛みは消えていきました。

禅では「禅定《ぜんじょう》が進む（坐禅に集中して一定の悟りを得ること）と手足の痛みが少なくなる。さらに手足の存在などを感じなくなる」といわれます。「達磨《だるま》手がない、足がない」とはこのことだと聞いたことがあります。現在では結跏趺坐でないと坐禅をしたような気がしません。

私たちが姿勢を正すと筋肉や腱《けん》が緊張します。そこから脳の前頭前野《ぜんとうぜんや》というところに刺激が送られるのです。前頭前野への刺激は脳を目覚めさせるので、覚醒《かくせい》刺激と言っています。結跏趺坐の場合には、足、腰の腱が（半跏趺坐の場合よりも）引っ張られ、さらに背骨をまっすぐに正すことで、背骨の周りの筋肉、腱が緊張し、その刺激が脳を覚醒させるのです。

また、前頭前野の役割として、今やっていることに精神を集中させるということがあります。つまり何かを見ると、そのことに気持ちが集中できるようにするのです。ですから、坐禅中は目をしっかり開けて何かを見つめてください（私は畳《たたみ》を見つめています）。

悩みがあると脳の辺縁系《へんえんけい》が刺激され、不安、恐怖、心配などの感情が生まれます。これを意思の力で抑えることは困難です。嫌なことが芋《いも》づる式に次々と思い浮かんでしまうものです。このような時に坐禅によって姿勢を正し、前頭前野を刺激すると、無理なく気持ちが切り替えられて、その時見ているもの、聞いていることに気持ちが集中し、悩みや雑念のほうに心が行かないようにすることができるのです。数息観なら呼吸に、公案なら問題に精神を集中させることができるのです。

結跏趺坐

半跏趺坐

坐禅をした後ではよく眠れます。脳のいろいろなところが異常に興奮すると、それが前頭前野を異常に刺激して眠れなくなります。ところが、前頭前野が手足からの刺激で規則的に興奮すると、脳は必要とされる機能のみが活動し、悩みや雑念は思い浮かばなくなります。その結果、脳の異常興奮がなくなり、坐禅の後では安眠できるのです。

朝比奈宗源《あさひなそうげん》老師は「体の弱い青年はたいがい安眠ができないものだ。そういう時には寒い夜中でも起きて坐禅をする――これが眠りにつく奥の手だ」と言っておられます。

このように坐禅によって余計な感覚を使わないようになり、欲望を忘れることができれば、白隠禅師の言う五漏を防ぐことができ、心も身体も健康になるのです。

白隠は「わずか三合ばかりの病に八石五斗《はっこくごと》の、もの思いをすべからず」とも言っています。つまり、たいしたことのない病気に過剰な心配をしてはならない、病気を苦にし、心配することがなお病気を悪くし、治らないようにしているのだというのです。

●内観の法と軟酥《なんそ》の法

嘘だと思うなら自分の首を切れ

白隠禅師（江戸中期の禅僧　日本の臨済宗の中興の祖）

白隠禅師は一六八五年の生まれで、日本の臨済宗の中興の祖といわれます。示寂《じじゃく》なさって二四〇年ほど経ちますが、現在の臨済宗の十四本山のどことして白隠慧鶴《えかく》禅師の影響下にない宗派はありません。

それほどの僧でも、二十代の半ばに心身ともに病んでしまったことがあります。頭痛、腹痛が激しくなり、肺と心臓が焼け焦げるようで、両手両脚は氷雪のように凍え、耳は鳴り続け、何ごとに対しても臆病になり、神経過敏、かつ恐怖にかられ、心身困憊《こんぱい》し、夜は眠ることもできず、夢と現《うつつ》の境をゆきかい、両脇は常に汗ばみ、両眼は涙が流れ続けるようになってしまいました。現代の医学で言うなら、さしずめ、結核、神経症、うつ病、パニック症候群などが一度に来たという感じです。

白隠は名医という名医を訪ね、あらゆる治療を受けたのですが、鍼灸《しんきゅう》医薬も何の効果も示さず、絶望の淵に沈んだと『遠羅天釜《おらてがま》』に書いています。

そんな時、ある人から、京都の白河の町に近い山里の洞穴の中に、白幽《はくゆう》という仙人が住んでいる、年は二百歳から三百歳ほどで、人に会うのを嫌い、人が訪ねてゆくと、たいてい逃げてしまうということを聞きました。

白隠はさっそく白幽仙人の住居を探しに出かけました。会って教えを乞うと、自分には教えるだけの資格がないと断られましたが、白隠は辞を低くして、なんとか教えを乞おうとしてその場を去りませんでした。

すると白幽仙人は白隠の体をながめ、触って診察をし、〝あなたのこの病は禅病である。真理の究明に度を過ごして、修養と精進に節度を失い、ついにこの重病にかかったのだ。これは医者も治すことができない難病で、このままではあなたは死を待つばかりである。真剣に「内観の法」を実習しなくては、あなたの重病は全快せず、一生立ち上がることはできないだろう〟と言ったのです。

白隠はなんとかその内観の法を教えてもらおうと必死に頼みました。仙人も見るべきところのある僧と思ったのか、内観の法を伝授しました。

仙人によると――身体と心が自然の形に戻り、秩序正しく、整然と働き、一大調和をした時に、はじめて健全な生活を営むことができる。生きる力の中心は臍下丹《せいかたん》田《でん》（へその十センチ下あたり）にある。正しい秩序と調和のもとに呼吸が行われ、血液が正しく循環してこそ精神活動と生理活動が完全に営まれるようになる。すなわち、生命力は正しく発揮される——ということでした。

さて「内観の法」ですが、皆さんにもわかるような言葉でお示ししたいと思います。まず、ゆったりと両手両足を広げて横たわります。この時に手足から力を抜きます。そしてゆっくりとお腹に息を吸い込みます。この息が静かに臍下丹田を満たすようにし、静かに吐き出します。息は鼻から出て、鼻から入るようにします。この時に次第に臍下丹田に気が満ちていくように考えます。そして次のように念ずるのです。

「自分の臍下丹田には本当の心、清浄な心がある。自分の臍下丹田には輝く浄土がある。自分の臍下丹田には荘厳な仏が宿っている」

これを何度も何度も唱えるのです。あるいは腹部に手を当て、ここをさすればすべての健康の泉が湧き出てくると念ずるのです。その思いに満たされるようになると非常に気分がよくなり、ぐっすりと眠れ、病は自然に治ってゆくのです。

白隠が白幽仙人から授けられたもう一つの健康法が「軟酥《なんそ》の法」です。

軟酥の法の効力について仙人は、〃自分が、綿の布団をも凍らすような山の夜でもなんらの冷気も感じず、木の実が欠乏して食事をせぬことが数ヶ月も続くことがあっても、凍死したり餓死するということもなく、生き生きとして生命を保っているのは、みなこの「軟酥の法」の力である〃と言っています。

軟酥とは、色も美しく、香りも高い仙薬《せんやく》で、鴨《かも》の卵くらいの大きさだそうです。「酥」はイチゴなどにかけるエバミルクのようなものでしょう。坐禅をしながらこれが頭の上に載っていると想像するのです。やがて体温で次第に溶けて、液状になり、下の方へ流れ始めます。これがたらりたらり流れると観ぜよといわれます。

この仙水は全身を包み、内臓の諸器官を潤し、全身のしこり、かたまりだけでなく、苦悶、煩悩も一緒に溶かして、流し出してしまいます。仙水が足元まで包むとやがて次第に増えて腰にまで上がるそうです。

白幽仙人は〃この軟酥の法を観ずると、鼻は妙香をかぎ、身体はにわかに妙風に包まれ、身心の調和がよみがえり、精気が充満して、二、三十代よりも元気旺盛にして、壮気はなはだすぐれるものがあり、この時、積年の苦悩、煩悶は融解消失し、胃腸内臓の諸器官を調和させ、内分泌機能も旺盛になり、皮肌はつやつやと光沢を生じてくる。もしこの秘法をおこたらず、つとめ修してゆくならば、どんな難病でも治らないということはない〟というように述べています。

たしかに内観の法と軟酥の法によって白隠はすっかり元気になってしまいました。

私たちの臍下丹田には清浄で病気などを知らない心が宿ると念ずることで（内観の法）、また、目には見えないその心の代わりに、形も香りも美しいものが頭の上にあり、これが溶けて、病も苦悩も煩悶もすべて流し去ってくれると念ずることで（軟酥の法）、病は治るというのです。この二つの方法を信じるかどうかは別の問題ですが、「病は気から」というとおり、病の多くは気によって起こり、念によって消えることは確かだと思います。

戦前までは、内観の法や軟酥の秘法を学び、これにより結核などを治したという報告が多くありました。現代ではそのような方法は非科学的だとして排されますが、薬で治らないような生活習慣病の多くは、精神を集中し、念ずることによって治るとする考え方は試みるに値すると思われます。

これらの方法で自分の重病を治したとする白隠は「嘘だと思うなら自分の首を切れ」とまで言っているのです。

第8章

あなたも「気」を発することができるか？

●誰でも「気」を発することができる

生を保つの要《よう》は気を養うにしかず 気尽くる時は身《み》死す

白隠禅師（江戸中期の禅僧　日本の臨済宗の中興の祖）

よく「気力を充実させて」とか「気を満たして」といいます。人間関係でも「気が伝わる」などともいいます。いったいこのような「気」はどこで発生し、どのように出されるのでしょうか。

まず、私の経験をお話ししましょう。四十歳の頃です。当時非常に有名であった教授に会いました。彼がこちらを向いた瞬間です。私のお腹に何か大きなボールでもぶつかったような、ドスンとした感じを受けたのでした。まことに不思議でした。その先生は痩せ気味で、けっして体格的に大きくもなく、相手を圧倒するような体つき、顔つきを持っているわけでもありませんでした。しかし、その方が私を見た刹那《せつな》、たしかに何かが私のほうに伝わったのです。

その後、別の医師がこの教授に会ったので、その印象を訊きました。すると同じようなことを言うではありませんか。私はこれこそ「気」だと思いました。噂には聞いていた「気」を実際に受けた経験に感謝しています。もしあの機会を持たなかったら、「気があるらしい」というくらいのことしか言えませんでしたし、「気」について話す時の私の言葉には説得力がなかったでしょう。

　このような気を私も発したことがあるらしいのです。アメリカで研究所の所長と話していた時のことです。私がふっと顔を上げると、その所長が後ろに押されたようになり、顔が一瞬恐怖にゆがんだのです。その時、もしかしたら私の「気」が相手に通じたのかなと思ったのでした。

「気」の問題を最も問い詰め、自分のものにしたのが白隠禅師です。白隠禅師がどのように考えたかを説明しましょう。

　白隠はその著『遠羅天釜《おらてがま》』の中で、気のエネルギーが発生する仕組みについて明確に述べています。それは正念相続《しょうねんそうぞく》によるというのです。正念とは、邪念を捨て去り、悟りに至ろうと心を保つことであり、禅定《ぜんじょう》（坐禅などで無心の境地になること）と言ってもかまいません。六祖慧能《えのう》は「外《そと》、相《そう》を離るるを禅となし、内《うち》乱れざるを定《じょう》となす」と定義しておられます。つまり「外界で何があっても、それを気にせず、心の中でいろいろな妄想を持たないこと」と言ったらよいと思います。このように、心が乱れない状態が続くように努力することを正念相続、あるいは正念工夫《くふう》と言うのです。

この、何ものにも乱されない心を本来の心と言うのですが、白隠は、これが内部エネルギーの発生する場所だとします。このように煩悩、妄想を断って、本来の心と一体になった時に、生気が体の内に脈々と働き出し、真の「気」が沸々として心身に満ちてくると言っています。

白隠は「これは大白道人《たいはくどうじん》が『わが天をもってつかえるところの、大いなる宇宙の神に一致せるものなり』という心境であり、孟子《もうし》のいう『日夜脈々として、発生してやむところを知らぬかの浩然《こうぜん》の気』といったところのものである。この浩然の気を率いて一切を丹田（へその下十センチくらいの気が満つるとされる場所）に納めいれ、長年これをまもりやしない、仙人が釜で神薬を煉《ね》るように煉りに煉りかさねるならば、わが身は天地に溶けこみ天地宇宙一切がわが身に溶けこんで、渾然《こんぜん》一体となるという自覚を得、自由自在の境地を獲得する」と『夜船閑話《やせんかんな》』で書いています。まさに前項で白幽仙人に学んだところです。

また白隠は気（神気《しんき》と言っています）を丹田気海《きかい》の間に凝らすことが一番であると説いています。神とは本当の心、仏心のことで、ここに心があると常に信じれば、気がそこに集まってくる、気が集まると本当の丹力が形成され、生命が完全に働くと述べておられます。

つまり妄想をできるだけ少なくし、心を臍下《せいか》丹田に満たし、この努力を常に続ければ、次第に大生命力がほとばしる、これが気だというのです。

このような原理を知らなくても、何か一つのことに心を凝らし、気持ちを集中し、周囲のことを忘れているような時には気が発生します。前に述べた教授が強い気を出すことができたのは、その精神集中が非常に強かったからではないかと思われるのです。

このように考えると、気を養う、気を充実させる、気を発揮するということはけっして困難なことでなく、私たちが本当に、仕事に、あるいは修行に心を凝らし、全力をあげて一つのことに打ち込み切れば、当然、気は養成されるのです。

禅では、先に「調身、調息、調心」と申し上げたように、姿勢、呼吸、そして妄想におおわれた心のあり方を正すように指導します。これによって気が満ち、気を発しやすくなるのです。ですから、古来、日本の武芸者は禅に心を惹かれたのでしょう。掲げた白隠の言葉は、まさに気なくしては生きているとは言えず、気を発することができなくなれば、それは命果つる時だというのです。

●限界は「気」で突破できる

おれの剣《けん》尖《せん》からは輪《わ》が出るぞ

白井亨（幕末の剣豪　天真伝兵法の開祖）

私が禅に惹かれた理由の一つは限界を突破したいという気持ちがあったからです。どのような人も限界に突き当たります。また、自分の専門の領域でのライバルとの争い、あるいは自分より能力があると思われる競争相手にどうしたら追いつき、さらに追い越すことができるのかという問題から私たちは逃れられません。

私も仕事上のことで能力の差とは何かに悩みました。よく一芸に秀でるものは万芸に秀でるといい、一芸に秀でた者は人格も高く、その発言にも意味があるなどといわれます。しかし実社会を見ると、そんなことはまったくありません。人間的にはじつにくだらない人に、ある分野の能力だけが与えられるということがよくあります。

この問題を扱った映画が『アマデウス』です。宮廷音楽家のサリエリはモーツァルトの出現に驚きました。人間的には軽薄で、一般的な教養もない男が、こと音楽となると、神の声を楽譜に写したのではないかと思われるくらい美しい曲を次々と書いたのです。サリエリはその矛盾に苦しみ、神に「なぜあんな男にこのような能力を与えたのか」と恨みの言葉を投げかけるのです。

モーツァルトは特例にしても、こうした人は現代にもいます。とくに現代のように技術や知識が細分化されると、ごく狭い分野で異常な能力さえあれば大成功を収めることができるようになり、苦しい訓練の時期などを経なくても、才能のある人は巨万の富を手に入れたり、非常に有名になったりできるのです。その日常生活を知る者にとっては「こんな人たちが？　まさか……」という人たちが、です。もちろん中には、人格的に優れた人もいるでしょうが、どちらにせよ「人間は持って生まれた能力で決定づけられ、そのような能力を持たない人は何をしても見込みがないのだろうか？」と、凡人は自信を失ってしまいます。

さらに、トップの座にある優秀な人でも、限界を意識し、苦しむ時が来ます。それは年齢による限界です。年をとれば誰でも能力に衰えを感じます。今まで負けたことのない相手にも負けるようになって引退に追い込まれるスポーツ選手や格闘家も多くいます。誰でも若い時には強く、あるいは能力があるのに、年をとれば衰え、敗れるのか。もしそうなら、若い人、能力が衰えない天才的な人だけが常に勝つということになり、努力に意味がなくなるのではないか。この問いは、私や皆さんだけでなく、古今の有名な武芸者たちも抱いた疑問です。

二百年来の名人という賛辞を受けたと伝えられる幕末の剣豪、白井亨《しらいとおる》もこのことで悩んだのです。彼は「世間に剣客は星の数ほどおりますが、年四十以上になると皆一様に衰えてしまいます。もし剣の道が若い間、体力の旺盛のうちだけのものなら、それはあたかも鶏の蹴り合いのようなものとちっとも変わりはありません。こんなことに二十年も精力を傾けたとは、何と愚かなことをしたものだろう、ああわれ錯《あや》まてり、と気付いたのです。それからというものは、わたくしは剣道を見ると土芥《どかい》（価値のないもの）のごとく怏々《おうおう》として楽しみませんでした。それがちょうどわたくしの二十八歳のころのことです」と書いています。（大森曹玄『剣と禅』〈春秋社〉より）

白井が、日頃尊敬している先輩の寺田宗有を訪ねた時のことです。寺田が「剣の進境はどうか」と訊くので、自分の悩みを訴えると「まあ一つ試してみよう」と言って木刀を取って道場に出ました。

その時、寺田宗有は六十三歳でした。いかに名人といえども、この年ではとても剣は使えまい――白井にはそういう気持ちがありました。

しかし、いざ構えてみると、寺田が静かにかざしている木剣が頭から全身をおおってくるようで、そのものすごい気合いに圧倒され、身体は萎縮し、汗のみが流れ、夢を見ているようで、手足の置き所とてありませんでした。白井は思わず木剣を投げ捨てました。そして、頭を下げ、寺田がその精妙《せいみょう》を得た理由を尋ねました。

すると寺田は「見性《けんしょう》、悟道《ごどう》以外にない」と言ったのです。見性とは自分の心が仏心と同じだと気づくこと、悟道とは悟ることです。

白井はその後、諸国の指導者を訪ね、ついに悟りの境地を得たのです。

剣術家でもあった勝海舟《かつかいしゅう》（徳川幕府の幕臣）は「白井の剣は一種の神通力をそなえていた。彼が白刃をふるって道場に出てくると、凜然《りんぜん》たるあり、神然たるあり、とても犯すべからざるの神気、刀尖《とうせん》よりほとばしりて、おれらはとても真正面には立てなかった」と述べています。

白井も「おれの剣尖《けんせん》からは、輪《わ》が出るぞ」と言っていたとのことです。まさに「気」が限界を突破させるというよい実例でしょう。私もこれらの逸話には大きな影響を受けました。気を充実させ、その力を使えば、いろいろな面で人間は限界を突破できるのです。これを信じて努力することが大事です。

●「気」は動物にさえ通ずる

兄貴がにらむと棟《むね》のねずみがすぐ落ちる

小野飛馬吉（山岡鉄舟の実弟）

小野飛馬吉《おのひまきち》は山岡鉄舟《やまおかてっしゅう》（禅を究めた幕末～明治の政治家 剣術家）の実弟です。鉄舟は小野家の生まれでしたが、山岡家に養子に取られ、山岡姓を名乗るようになったのです。小野飛馬吉は鉄舟の逸話をずいぶん残しています。その中でも最も有名なのが棟《むね》からねずみが落ちる話でしょう。

鉄舟が小石川（江戸＝東京）に住んでいた時代があります。貧乏で、家はあばら家同然だったので、ねずみが昼間から出てきて暴れていました。夜は灯す油がなくて暗いので、ねずみはますます暴れ回りました。ところが鉄舟が坐禅を始めると、ねずみがいつかひっそりして出なくなってしまう。しまいには鉄舟が坐禅をしながら、ぐっと上をにらむと、棟のねずみがばったりと落ちるようになったというのです。

鉄舟の弟子だった小倉鉄樹《おぐらてつじゅ》さんは「いつか小野飛馬吉がこの話をして『不思議な

ものだ。おれが坐禅して、いくらねずみをにらんでも、ねずみは平気で歩き回るが、兄貴がにらむとすぐ落ちる』と言うので、おれが『そんなことがあるものか。うそだ』と言うと、『いや、うそじゃない。ほんとに落ちるから妙だ』と堅く言いはるので、そんならと、俺が師匠にこの話を確かめると『落ちるよ。やってみぃ』と言われた」と語っています（『山岡鉄舟の一生』牛山栄治＝編著〈春風館〉より）。

ねずみについて山本玄峰老師もおもしろいことを書いています。静岡県の三島にある龍沢寺は、白隠とその弟子の東嶺《とうれい》禅師が創建した禅の名刹ですが、廃仏毀釈《はいぶつきしゃく》のために明治以降は荒れに荒れていました。昭和の始めに玄峰老師が来られた時にも、ねずみが出たようです。

老師は、ねずみに向かって「お前たちのほうが先にここにいるのだから、よろしく頼む」と言ったそうです。「（ねずみに）米などをやって仲良く暮らしておる。少しも悪さをしない」と書いておられます。

玄峰老師は十九歳の頃から眼病を病み、全盲になろうとしていることを知り、四国遍路を発願し、七回も裸足で参詣しました。二十五歳の時に雪蹊寺《せっけいじ》の門前で倒れているのを住職の山本太玄《たげん》和尚に助けられ、「普通の坊さんにはなれんが、覚悟次第で、本当の坊主にならなれる」と言われ、一念発起して、山本姓に変えて、禅の道を目指したのです。そのために四国の諸寺についてよくご存じでした。

これは玄峰老師が語っている、明治維新の頃のある寺の僧の逸話です。

「維新当時に土佐の五台山に真言宗の律師《りっし》がおられた。土佐は御祈禱がはやる。稲に虫がついて困ると虫祈禱をやる。その律師さまに虫祈禱を頼んだら、よしよしというて、こういうことをするものじゃないけれども、まあ農家のお前たちが米が取れねばわれわれも困るから、といってくれた。そうしたところが、やはり虫がたくさんおる。『律師さま。あなたに御祈禱していただきましたけれども虫が一つも退《の》きません。たくさんおります』といったら、『そうか、それならお前たち、今晩お堂でお通夜しなさい。そうしたらわしがもう一ぺん御祈禱してやるから』。それから通夜しておったが、一向に律師さまは出てこない。そのうち律師さまが出てきて、『どうじゃ、蚊はおるか』、『へい、たくさんおります』、『食いつくか』、『いや、食いつきはしません』、『そうじゃろう。虫がいくらおっても稲に害をせんようにすればそれでいいのじゃ。蚊がいくらおっても食いつかなければ、それでいいのじゃ』といわれた」(『無門関提唱』〈大法輪閣〉より)

天龍寺で関精拙老師の師だった竜淵《りょうえん》老師にも、こんな逸話があります。

堂内の雲水たちが修行中についい居眠りをしてしまうのだそうです。いびきをかいてしまう者も出る始末です。

そこで竜淵老師が「よしおれが一度点検してやる」と言って、堂内に入ってお坐りになり、お経を上げられました。雲水たちは例によって皆こくりこくり始めました。

ところが、しばらくすると、バタバタと小犬か何かが走るような音がしました。そして皆、目が覚めたのです。「もうこれでよいよい」と言って老師は自坊に帰られました。後で調べてみると、後門の裏に大きな古だぬきが一匹死んでいたということです。

別の時に竜淵老師はこうおっしゃっていたそうです。

「ねずみも年をとるといたずらをして困る。そういう時にはこちらから呼吸を引きずって長くしていって、二、三分息を止めてやるんじゃ。そうすると向こうが参りよる」

たぬき退治も、このようなことだったのでしょう。「気」や、それに伴う呼吸の力は動物にも通ずるということです。

生命《いのち》も金も名もいらぬ人間は始末に困る

西郷隆盛（幕末～明治の政治家　維新の三傑）

●相手を和ませ、苦のない、楽しい思いをさせてこそ本当の「気」。

掲げた言葉は西郷隆盛《さいごうたかもり》が山岡鉄舟を評した言葉です。

最後の徳川将軍、慶喜《よしのぶ》は、討幕軍の実質的な大将である西郷隆盛に、幕府がすでに恭順の意を表していることをなんとか伝えようとしていました。この時、山岡鉄舟は、西郷と直談判して、幕府の最後が無益な戦争で終わらないように交渉するという大役を自ら申し出ました。たまたま慶喜の警護隊長でもあった義兄の高橋泥《でい》舟《しゅう》は「この任務を遂行できるのは、義弟の山岡鉄太郎（鉄舟の通称）しかない」と、鉄舟を推挙しました。

鉄舟は官軍が品川の先まで来ている中を、危険を冒して駿府《すんぷ》（現在の静岡市）に向かって進み、大胆にも西郷に面談を申し入れました。

西郷は命知らずな鉄舟の行動に驚きましたが、「江戸城を明け渡すこと」を始めとする五カ条の条件を突きつけました。これを飲めば、慶喜に対して寛大な処置をするというのです。ところが第五条は「徳川慶喜を備前藩（現在の岡山県）に預けること」という条件でした。鉄舟はこれだけは同意できないと拒絶しました。西郷は、これは朝命であるとして飲むように迫ります。しかし鉄舟は身の危険も顧みず一歩も譲らず、西郷に訴えました。

「自分の主君が恭順の意を表しているのに、もし他家に預けられるような屈辱を強いられたら、あなたは臣下として平然としていられますでしょうか」

西郷は主君を思う鉄舟の至誠に胸を打たれ、この条件を取り下げました。その結果、江戸の無血開城が可能になったのです。

勝海舟は、西郷が鉄舟を評して「ああいう、生命《いのち》も金も名もいらない人間は始末に困る」と言ったとして、のちに次のように述べています。

「西郷がかつておれにいったことがあるよ。山岡という人は自分の心中に、もとより敵味方の思いはあるまいが、またあれでは敵も味方も始末に困るものだ。あの人が駿府の陣営に突然飛び込んできましたから、あの敵軍の中を江戸からここまでどうして来たと尋ねると、やはり歩んで来たというので、それは無論だろうが、敵は見当たらなかったかと問うと、往々多勢の兵隊が行列などをしてなかなか立派に見えました、と平気なもので、練兵でも見た気になっておりました。あんな生命も金も名もいらぬ人間は始末に困る。しかしこの始末に困る人ならでは共に天下の大事を語るわけにもまいりませぬ」（『鉄舟随感録』 安部正人＝編〈国書刊行会〉より）

また、こうも言っています。

「西郷がおれに言ったことがあるよ。『上野地方に出没する彰義隊《しょうぎたい》なるものは、人の生命財産に大害を加え、乱暴狼藉《ろうぜき》を働くにおいては到底猶予《ゆうよ》しかねるから、いよいよ官軍をもって追撃致します。しかしこれまで山岡が幾日となく寝食を忘れて、暴徒の解散に力をつくされたは、国家のため、朝廷にまれ、徳川にまれ、彼の人の忠心、いかにも気の毒で、涙に耐えない……』」

西郷はそう言ってほろりと一滴の涙を流したそうです。

この西郷の言葉を聞くと、西郷は鉄舟の態度に本当に心を打たれたことがよくわかります。読んでいても涙をともにするような気がするのです。これは鉄舟の正念《しょうねん》がまごころという形でほとばしったものです。このような心も長い禅定力の養成の結果生まれたもので、念力《ねんりき》の一つの形と言えます。私はこのような、人の心を動かす力こそが真の「気」の表れだと思っています。

鉄舟の弟子だった小倉鉄樹さんも、鉄舟の人柄についていろいろ述べています。『鎌倉夜話』にはこう書かれています。

「おれの師匠なぞ、偉かったもんだね。師匠のそばに居ると、ただ何といふわけもなく、ぽーっといい気持ちになって、懐《ふところ》にでも這入《はい》りたい親しみを覚えるのだったが、一度じろりと睨《にら》まれると、体が竦《すく》んだからねえ」

また「おれが書の落款《らっかん》を押して、夜一時か二時ごろまで遅くなった時には、きっとおじょうさんに茶を持って来させたものだ。時には師匠自身二階へ上がってきて、『やあ、ごくろう』と、菓子の包みなぞふところから出してくれた。あの大物が、おれのような小僧っ子なんか、眼中にありそうもないように思ってるところへ、そうされたのだから、参ってしまう」と述べています（『山岡鉄舟の一生』）。

鉄舟を訪ねてきた人は、みんな気分がよくなってしまって、いつまでも帰らなかったそうです。

相手を威圧し倒そうとするような「気」などは、気の表れとしてはまだ序の口も序の口という感じです。人生に役立つ「気」とは、相手を信頼させ、不安や恐怖を取り除く力を持つ心の表れと言えるでしょう。「気」は、相手の気持ちを和ませ、苦のない、楽しい思いを持たせてこそ意味があるのです。

●いざという時、「気」の力を使うには……

心に咎《とが》むるところあらば　祈禱《きとう》もかなわず

勝海舟（幕末〜明治の政治家　江戸幕府の海軍創設者　剣術家）

心を鍛えてゆくと神通力《じんずうりき》を得ることができるとお経にも書いてあります。しかし、こうした力が発揮できるのは、あくまでも、仏と同じとされる本来清浄なる自らの心を自覚し、その力を使った場合のみです。妄想、欲などがあっては、このような奇跡的な力を発揮することはできないのです。ここが非常に大事で、ある種のカルト集団の言うように、彼らの教えに従って修行をすればこのような力が得られるなどということはまったくないのです。

心が弱ると神通力も消えるという逸話を勝海舟《かつかいしゅう》が書いています。

本所（江戸＝東京）に、ある行者《ぎょうじゃ》がいて、その頃流行した富《とみ》くじの祈禱《きとう》をして、よく当たったそうです。海舟も父親の縁でよく顔を出していましたが、やがて富くじははやらなくなり、行者はだんだんと落ちぶれて汚い長屋に住んでいました。海舟は憐れんで、たまに野菜などを持っていってやったそうです。ある日のことです。

「おれは例のごとく何か持って見舞ひに行ったが、彼はおれに向ひ、『貴下はまだ若いが、なかなか根気が強くって末頼母《すえたのも》しい方だによって、私が一言お話をしておきますから、是非覚えて居て下さい。必ず思ひ当ることがあります』と話し出したそうです。

聞くと、ある日、一人の婦人が、富くじの祈禱を頼みにやってきたというのです。それが非常に美人だったので、覚えず煩悩にかられて口説き落とし、祈禱をしてやったそうです。すると四、五日して、その祈禱に効験《こうけん》があり、くじが当たったと礼に来ました。そこでまたまた口説きかけると、恐ろしい眼でにらみつけられ、「亭主のある身で不義な事をしたのも、亭主に富くじを取らせたい切《せつ》な心があったばかりだ。それにまたぞろ不義を仕掛けるなどとは、不届千万《ふとどきせんばん》な坊主めが」と叱られました。その眼と叱声《しっせい》とがしみじみ身にこたえたというのです。

またある日のこと、行者は栄養をつけようと両国で大きなすっぽんを買ってきました。料理をしようとすると、すっぽんが首をもたげて、大きな眼玉をして彼をにらんだのです。そんなことを気にせず、首を切ってすっぽんを食ったのですが、なんとなく気にかかったそうです。この一つのことがその後も始終気にかかって、祈禱もいつの間にか次第に当たらなくなったと言います。つまり、自分の心に咎《とが》めるところがあると、祈禱をしても効果がなくなるというのです。
「この話を聞いて、おれも豁然《かつぜん》として悟るところがあり、爾来《じらい》今日に至るまで、常にこの心得を失はなかった。全体おれがこの歳をして居《お》りながら、身心共にまだ壮健であるといふのも、畢竟《ひっきょう》自分の経験に顧みて、いささかたりとも人間の筋道を踏み違へた覚えがなく、胸中に始終この強味があるからだ。この一個の行者こそ、おれが一生の御師匠様だ」（『氷川清話』〈講談社学術文庫〉より）
この海舟の体験こそ、心の力が正念《しょうねん》によらなければ使えないということをよく示しているのです。ましてや因果の法則に貫かれている人生です。心にゆがんだところがあれば、神通力などはとても望めるものではないし、そのようなことを望むことが、煩悩、妄想を増すことになり、さらに不運をもたらすのです。
「気」は、正しい思い、清らかな心が、精神集中している時に外へほとばしったものと定義するとわかりやすいと思います。人生のここぞと思われる時に気の力を使おうと思うなら、毎日の心のあり方を正すしかないということがおわかりになると思います。

『魂をゆさぶる禅の名言』の名言

本書の姉妹編である『魂をゆさぶる禅の名言』（高田明和著　本体価格1200円　小社刊）に収録された54の名言をご紹介します。

第1章　過去をくよくよ悔みそうになったら

1◉あなたの清らかな心をおおう雲を振り払い　つまらない考えを捨てよう
念起こる　これ病なり　継がざる　これ薬なり

2◉心配ばかりしていると現実になってしまう
未起の者は放起せんことを要せざれ

3◉考えてもしかたのないことで思い悩むな
思うて詮なきことは思わず

4◉悩まない生き方こそ立派な人間を作る
心配は心配りだからいくらしてもよい
しかし　心を苦しめるような心配はするものではない

5◉嫁と姑はなぜ仲が悪くなるのか
もの思わざるは仏の稽古なり

6◉「楽しい思い出」は忘れなさい
良いことも悪いことも思い出さず

7◉風が吹いたら考え　風がやんだら忘れればいい
君子は事の来りて心始めて現る　事去りて心随って空し

8◉どんな罪もいつかは許される
忘却は心を洗う石鹸なり

9◉無理にあれこれ思い出さないこと
過去は引き出さなければ存在しない

10◉あなたはあなたでしかない
世の中はここよりほかはなかりけり

11◉百歳になっても努力を
人の値打ちとタバコの味は煙となりて後にこそ知れ

第2章　心がそわそわ落ち着かなくなったら

12◉吉日とか凶日などというものはない
日々是好日

13◉一度や二度の願いはかなうかもしれないが……
無理な願いはかなっても　しっぺ返しが来る

第3章　才能不足を痛感したら

42◉どんな立派な人も死ぬのだ
生まれては死ぬるなりけり　おしなべて釈迦も達磨も猫も杓子も

43◉生きていることが例外と考えよう
この世には死にに来たりと思え

第６章　自信を失いそうになったら

44◉あなたの不足や不満が何だというのか
起きて半畳　寝て一畳

45◉自分を否定してはいけない
「自分のような者」などという自分はない

46◉知らぬうちに積んでいた悪業の借金を返すために
八転び九起き

47◉行き過ぎたグルメは子孫にまでたたる
内心が清浄ならば　名位・福禄は自然に得られる

48◉百年後には誰もいなくなると思えば気が楽だ
あいつもやがて死ぬやっちゃ

第７章　生き方に迷ったら

49◉無茶の報いはきっと来る
若い時に不陰徳した人の晩年はかならず悪い

50◉いずれやらねばならぬことは今やってしまえ
苦しみから抜け出すには　早く苦しみに飛び込むことだ

51◉どんなに小さくても善意は善意
小悪を軽んじて　以って殃(わざわい)なしとするなかれ

52◉誰にも気づかれなくても徳を積み続けよう
この世には　他人のためなどということは　ありませんぜ

53◉今日やらなくて　いつやるのだ
一寸の線香　一寸の仏

54◉目立とうとしてはいけない
陰徳積めば陽報あり

あとがき

「美しい国づくり」などときれいごとがいわれています。いざなぎ景気以来の好景気などともいわれていますｂ。しかし、現実の庶民の暮らしは苦しく、また、さまざまな陰惨な事件が報道されています。

現代の日本の社会には敗者復活のチャンスがありません。一度つまずいたらおしまいです。負けた者、弱い者はスケープゴートにされ、いじめられ、バッシングされます。それは、自分の不満や怒りのはけ口として他人が苦しむ姿を見たいと思う人が多いからです。安倍首相は再チャレンジができる国にしたいと言っていますが、国民の心にこれほど不満や怒りが渦巻いていては、とても再チャレンジなどできる有り様ではありません。

メディアはうつ病の増加を伝えています。とくに中高年のうつは増え、本人だけでなく家族や周囲の人をも苦しめています。当然、自殺者はいっそう増えるでしょう。東京のＪＲ中央線などは飛び込み事故でしょっちゅう不通になっています。

このような社会にあって、私たちはどのように生きるべきでしょうか。確立した人生観を持って、日々の出来事に動揺しない生き方をしたいものです。しかし、このようなことは、言うは易《やす》く、行うは難《かた》しです。

釈尊《しゃくそん》（お釈迦《しゃか》さま）は、私たちの心は不生不滅《ふしょうふめつ》といって、始まりも終わりもなく永遠に続いており、またその心は不垢不浄《ふくふじょう》といって、罪、汚れなど微塵《みじん》もない、清らかという言葉でさえ表せないくらい清浄なものだと悟られました。この、本来は清らかなはずの心を、私たちが自覚することも活用することもできないのは、煩《ぼん》悩《のう》や妄想《もうそう》の黒い雲におおわれ、輝くはずの心が輝けないからだともおっしゃるのです。

この、憎い、うらやましい、欲しい、奪いたい……という煩悩や妄想の思いの雲を薄くし、心の光が輝くようにする方法は、まず姿勢を正し、思いを正すことです。禅では、それによって心は自然に本来の鏡のような輝きを見せるとします。それが私たちの心の本質です。本来の心を輝かせ、その心の力を使うことができるなら、苦行などしなくても、自責の念、将来への不安、他人への嫉妬、意欲のなさなどは自然になくなってゆくとするのです。

私たちは、瓦《かわら》を磨いて鏡にしようというような無意味なことをしなければならないわけではありません。本来鏡であるものを磨く、いや磨かなくても、その心を信ずれば自然に汚れがなくなるのです。なんとすばらしいことではありませんか。

もう一つ、私たちの心を変えることができるのは言葉の力です。よい言葉は煩悩や妄想をなくし、本来の心の輝きを取り戻してくれます。それだけでなく、運命さえ変えることができるのです。私たちの心は、そのような、自分を目覚めさせ、刺激してくれる正しい言葉を聞きたがっているのです。

本書では、禅の祖師方《そしがた》が、私たちの心の本来の清らかさを自覚させようとして示されたお言葉の数々を紹介し、読者の皆さんがこれらの言葉を知り、信ずることで自分を変え、心の光を輝かせ、それにより真の幸せを得られるようにお手伝いできることを目指しました。

これらの禅の名言は、人生のあらゆる局面で、あなたにこれまで以上の力を発揮させ、新しい心構えで生きてゆくうえで、大いに役立つと確信しています。

この本が皆さんの今後の生き方に、今までと違った励ましを与えることができるなら、著者として無上の幸せと思っています。

平成十九年一月

高田明和

高田明和　たかだ あきかず

1935年（昭和10年）、静岡県清水市生まれ。慶応義塾大学医学部卒。ニューヨーク州立大学助教授、浜松医科大学第二生理学教授を歴任。浜松医科大学名誉教授。昭和女子大学客員教授。アジアパシフィック血栓止血学会名誉理事長。「砂糖を科学する会」代表、（財）食肉消費センター委員会幹事として農水省の砂糖消費拡大事業のために活動、同センター「食肉と健康フォーラム」幹事。テレビ・ラジオへの出演、全国での講演などを通じて心と体の健康についての啓蒙を続けている。血液学、脳科学、心の病などに関する著書多数。近刊に「魂をゆさぶる禅の名言」（小社）など。

心《こころ》が奮《ふる》い立《た》つ禅《ぜん》の名言《めいげん》

2007年2月20日　第1刷発行
2007年5月20日　第4刷発行

著者　高田明和
装本　松沢順一郎（カメガイ・デザイン・オフィス）
カット　松永由美子

発行者　佐藤俊行
発行所　株式会社双葉社
〒162－8540　東京都新宿区東五軒町3番28号
電話　03-5261-4818（営業）
電話　03-5261-4839（編集）
振替　00180-6-117299
http://www.futabasha.co.jp/
（双葉社の書籍、コミックが買えます）

印刷所　慶昌堂印刷株式会社
製本所　株式会社川島製本所

●落丁・乱丁は双葉社にてお取り替えいたします。
●定価はカバーに表示してあります。

ISBN978-4-575-29951-9　C0095